Funny van Dannen
Die weitreichenden Folgen des Fleischkonsums

Funny van Dannen, 1958 geboren, lebt in Berlin. Er war Musiker bei verschiedenen Punk- und Jazzbands, war einer der Gründer der Lassie-Singers, spielt Gitarre und singt dazu Lieder von Lebewesen und anderen nicht unwichtigen Dingen des täglichen Lebens. Zusammen mit dem Buch erscheint seine neue CD ebenfalls bei Tiamat: »Alles gut Motherfucker«. Außerdem malt Funny van Dannen schöne Bilder. Zuletzt erschienen: »An der Grenze zur Realität« (2015).

Edition
TIAMAT
Deutsche Erstveröffentlichung
1. Auflage: Berlin 2018
© Verlag Klaus Bittermann
www.edition-tiamat.de
Druck: cpi books
Buchcovergestaltung: Felder Kölnberlin Grafikdesign
Unter Verwendung eines Bildes von Funny van Dannen
ISBN: 978-3-89320-235-5

Funny van Dannen

Die weitreichenden Folgen des Fleischkonsums

**Critica
Diabolis
259**

**Edition
TIAMAT**

INHALT

Die Unzufriedene

Ich will gar kein Mensch mehr sein, sagt Emily zu ihrer Tante Rosa. Wenn ich sehe, was Menschen Menschen und sogar sich selbst antun und den Tieren und den Pflanzen und den Dingen, möchte ich lieber etwas anderes sein, vielleicht ein Pferd.

Da muss die Tante lachen. Und dann bist du ein Pferd und sie dressieren dich. Sie setzen sich einen Zylinder auf und du musst im Viereck parieren. Da wirst du aber fluchen!

Hast du schon mal ein fluchendes Pferd gesehen, Tante?, fragt Emily. Da lacht die Tante schon wieder. Du lachst zu oft, Tante!, sagt Emily. Ich finde das Leben nicht so lustig, als dass man ständig lachen müsste. Komm du mal in mein Alter!, ruft die Tante. Dann lachst du vielleicht nur noch.

Emily sieht sie fragend an. Ach, Kind!, sagt Rosa, wenn ich nur über lustige Sachen lachen würde, hätte ich es längst verlernt. Aber Sachen lustig finden, die es gar nicht sind, geht auch nicht, sagt die Nichte. Wirklichkeit ist Wirklichkeit. Wenn 200 Wale stranden und 189 sterben, ist das zum Lachen?

Nein!, ruft Rosa. Das würde ich nie tun. Aber wenn gefährliche, lächerliche Männer an die Macht kommen und man kann nichts dagegen tun, ist lachen besser als verzweifeln. Ich meine, jetzt, als erste Reaktion.

Mag sein, sagt Emily. Aber mir wäre es lieber, dem Ernst der Lage mit Ernst zu begegnen. Und am schönsten wäre es selbstverständlich, jemand würde diese Typen sofort abknallen. Was?!, ruft die Tante entsetzt. Aber

Emily!? Wie kannst du denn den Tod eines Menschen schön finden? Alleine schon diese Ausdrucksweise! Mir bleibt die Spucke weg!

Krieg dich ein, Tante, sagt Emily. Es gibt 7 Mrd. Menschen auf der Erde, darunter viele gute Leute. Wer braucht diese aggressiven Idioten? Wer würde sie vermissen?

Die Tante lächelt. Kind! Diese Idioten werden von vielen anderen, fast hätte ich Idioten gesagt, von vielen anderen Menschen gewählt. Und die würden ihre Lichtgestalten oder Führer, nenn sie wie du willst, sehr wohl vermissen. Es würde eine Welle der Gewalt geben, das hätte unabsehbare Folgen. Einer bösen Schlange schlägt man den Kopf ab und fertig, sagt Emily. Wenn man Hitler frühzeitig erledigt hätte, wäre der Welt viel Unheil erspart geblieben.

Ich halte diese ewigen Nazivergleiche für unangebracht, sagt die Tante. So schlimm wie Hitler kann niemand sein. Sag das den Folteropfern, Tante, ruft Emily, sag das den Toten! Also ich würde die sofort abknallen, wenn ich könnte.

Gut, sagt die Tante, wenn du das wirklich willst, musst du es tun. Wo ein Wille ist, ist auch ein Weg. Ich habe alte Freunde aus dem Rockermilieu, die könnten dir Waffen besorgen. Emily staunt. Du hast was? Die Tante lacht. Siehst du? Jetzt hast du es mit der Angst gekriegt, was? Ich bin doch keine Killerin!, ruft Emily. Ich könnte sowas nicht. Aber auf andere warten, das kannst du, sagt die Tante. Du kleine feige Ratte. Aber Tante!, ruft Emily, das meinst du jetzt nicht ernst oder? Die Tante lacht.

Und Emily versucht es auch.

Die Fliege und der Hund

Eine Fliege liegt auf dem Bürgersteig und schläft. Ein Hund beschnuppert sie und legt sich zu ihr. Geh weiter!, ruft die Fliege. Ich möchte nicht mit einem Hund schlafen. Oh, entschuldige, sagt der Hund, ich wollte dich nicht wecken.

Du hast mich intensiv beschnuppert, sagt die Fliege. Davon wacht jeder auf.

Und was machen wir jetzt?, fragt der Hund. Du läufst in irgendeine Richtung, sagt die Fliege, und ich schlafe weiter. Aber es ist gefährlich hier zu schlafen, sagt der Hund. Hast du keine Angst?

Was ist das?, fragt die Fliege. Der Hund denkt nach. Er will nichts Falsches sagen. Also, Angst ist ein ungutes Gefühl. Man hat es vor Bedrohungen, zum Beispiel Gewalt. Wenn dich jemand totschlagen will. Aber warum sollte mich hier auf dem Bürgersteig jemand totschlagen wollen?, fragt die Fliege. Es könnte jemand auf dich treten, sagt der Hund. Aus Versehen oder Absicht, das kommt aufs Gleiche raus. Den meisten Menschen ist es egal, ob sie kleine Insekten tottreten. Mir auch, sagt die Fliege. Wenn es vorbei ist, ist es eben vorbei. Soll ich mir mein Leben mit sowas wie Angst versauen? Soll ich die ganze Zeit wie du an irgendetwas denken, das passieren könnte und dann doch nicht passiert?

Du bist so dumm, sagt der Hund. Es wundert mich nicht, dass ihr Fliegen es zu gar nichts bringt und Scheißhaufen interessanter findet als Knochen. Mit deiner Einstellung gibt es keine Evolution. Und es wird sich auch niemand finden, der euch durch Züchtung veredelt. Mir egal, sagt die Fliege und bewegt die Flügel. Ihr werdet immer nur Bakterien transportieren, ruft der Hund. Krankmachende Keime sind eure einzigen Freunde. Alle anderen finden euch nur lästig.

Hey, sagt die Fliege, was ist denn mit dir los? Ich liege hier ganz friedlich in der Sonne und du weckst mich, um mich zu beleidigen? Hast du Probleme? Ich bin weggelaufen, sagt der Hund, ich habe das Liebsein nicht mehr ausgehalten. Ich werde emotional ausgebeutet. Bist du kastriert?, fragt die Fliege. Der Hund nickt.

Geh nach Hause, sagt die Fliege. Oder wirst du zu Sex gezwungen? Nein, sagt der Hund. Sie sind eigentlich ganz nett. Na also, sagt die Fliege. Geh zurück. Auf der Straße machen sie dich fertig und deine Leute freuen sich, wenn du wieder da bist. Ja, sagt der Hund, das mach ich. Und du? Schläfst du jetzt weiter? Nein, sagt die Fliege, jetzt bin ich viel zu munter. Mal sehen, was es zu fressen gibt. Tote Schnecke wäre nicht schlecht. Schon schwirrt sie ab. Ob das Leben mehr Facetten hat, wenn man Facettenaugen hat?, fragt sich der Hund und setzt sich in Bewegung.

Vögel

Heute haben wir in der Schule für Große über Vögel gesprochen. Frau Federmann – dass die aber auch gerade so heißt – fragte uns zuerst: Wer kann denn Vögel nicht ausstehen? Mandy meldete sich. Als sie es begründen sollte, konnte sie es nicht. Hast du mit Vögeln schlechte Erfahrungen gemacht?, fragte Frau Federmann. Da lachten alle. Klar. Also bitte, sagte Frau Federmann, ihr seid doch kein pubertärer Scheißhaufen, oder? Prompt stellten sich natürlich viele pubertäre Scheißhaufen vor, mit Akne und wenig Schambehaarung.

Als wieder Ruhe eingekehrt war, hatten wir verpasst, was Mandy geantwortet hatte. Frau Federmann meinte, sie fände es ganz vorbildlich, dass Mandy den schwerverletzten Vogel auf dem Schulweg mit dem Atlas getötet hätte, um ihm weiteres Leid zu ersparen. Aber sie könne nicht verstehen, warum sie nun alle Vögel hasst. Wenn man einen Atlas auf einen Vogel legt und dann auf das Buch springt, sagte Frau Federmann, bleibt es nicht sauber. Da kann der Vogel auch nichts dafür. Mandy sagte nur: Na ja, dann hasse ich eben tote Vögel, die an Büchern kleben bleiben. Ja, sagte Frau Federmann, das ist ein Spezialgebiet. Lasst uns allgemeiner bleiben. Habt ihr Lieblingsvögel?

Arschgeier, rief Ronny. Aasgeier, sagte Frau Federmann, die heißen Aasgeier, weil sie Aas essen, also Kadaver, tote Tiere. Was findest du denn gut an denen? Dass sie die Umwelt sauber halten, sagte Ronny, obwohl sie Scheiße aussehen. Wie meinst du das denn?, fragte Lars. Glaubst du, wenn man Scheiße aussieht, ist einem alles egal? Ja, sagte Ronny, könnte so sein. Ich weiß nicht immer, was ich meine, aber so könnte es sein. Ich finde Geier gut, sagte Lars. Vor allem die Köpfe und den Ausdruck im Gesicht, ich mag den tiefen Ernst und ich finde, sie benehmen sich so, als hätten sie eine Aufgabe zu erfüllen. Ja, ja, ja, rief Hillary. Man kann alles überinterpretieren! Die sind gierig und Gierige sind immer ernst.

Was sind denn deine Lieblingsvögel?, fragte Frau Federmann. Blaumeisen, sagte Hillary. Ich mag diese Farbkombination, gelb und blau. Und dieses Blau mag ich ganz besonders. Sie sind so lebhaft und bescheiden, das genaue Gegenteil von mir. Sie lachte. Und du Romy?, fragte Frau Federmann. Ich mag die Plastikkrähen, die sich manche in die Blumenkästen stecken oder aufs Fensterbrett schrauben. Ich mag auch die Vogelsilhouetten auf den Fenstern, diese Warnvögel. Ich mag bewegungslose Vögel. Seltsam, nicht?

Vielleicht hast du als Kind den Film »Die Vögel« von Adolf Hitchcock gesehen, sagte Frau Federmann. Alfred!, rief Horst. Er hieß Alfred! Richtig, rief die Lehrerin. Gut aufgepasst, Horst. Das war ein kleiner Geschichtstest und du hast ihn bestanden, du ganz allein! Horst freute sich und wir alle freuten uns mit ihm. Das ist ein Horrorfilm, sagte Frau Federmann, in dem Vögel Menschen attackieren. Vielleicht sind dir seitdem bewegungslose Vögel lieber, kann das sein? Kann sein, sagte Romy und jeder merkte, dass sie jetzt ausgepowert war und nichts mehr sagen konnte.

Elvira!, rief Frau Federmann, sag du uns deinen Lieblingsvogel. Der Schildkrötenvogel, sagte Elvira. Kenn ich gar nicht, meinte Frau Federmann. Niemand kannte ihn. Ist superschwer, sagte Elvira, fliegt superlangsam und wird superalt. Und wo lebt er?, fragte Frau Federmann. Ex-Australien, sagte Elvira. Ach, ausgestorben? Elvira nickte. Alles was ich mag, ist ausgestorben oder kurz davor. Sie sagte es sehr sachlich und ohne Bitterkeit. Elvira, sagte Frau Federmann streng, du lebst in einer Traumwelt, wach bitte auf. Früher war nicht alles besser. Wenn du vor tausend Jahren gelebt hättest, wärst du in deinem Alter nach zwanzig Geburten ausgezehrt und potthässlich gestorben. Kein Prinz mit glänzender Schamkapsel würde um deine Hand anhalten, komm zurück in die Realität. Schildkrötenvögel, was für ein Blödsinn! Entschuldige bitte, wir Lehrer sind auch nur Menschen, wir müssen uns nicht jeden Müll auftischen lassen. So, das musste mal raus.

Und Sie?, fragte Lukas. Welchen Vogel mögen sie? Gans, sagte Frau Federmann. Aber nur einmal im Jahr.

Die Uhren

Ich möchte nicht immer an die Zeit denken, sagt eine Uhr zur anderen. Dann lass es, sagt die andere. Ich denke fast nie an die Zeit. Du denkst fast nie an die Zeit?, ruft die eine Uhr erstaunt. Es ist eine Armbanduhr. Wie machst du das?

Keine Ahnung, sagt die andere, eine Wanduhr. Ich muss mir keine Mühe geben. Ich denke einfach an etwas anderes, an den Wind, die Menschen, Holz, an irgendwas. Ich kann die Zeit anzeigen, ohne an sie zu denken, kein Problem!

Ich nicht, sagt die Armbanduhr, da ticke ich ganz anders. Ich kann ja auch den Pulsschlag spüren, ich denke immer an die Zeit und es macht mich verrückt. Warum bist du dann Armbanduhr geworden?, fragt die Wanduhr. Man braucht sehr gute Nerven. Und man muss die Zeit natürlich über alles lieben, sonst macht es einen verrückt, die ganze Zeit an sie zu denken. Ich liebe die Zeit, aber ich denke nicht immer an sie. Was ist? Warum schweigst du? Hallo?

Ich weiß nicht, sagt die Armbanduhr, ob ich noch weiter mit dir sprechen möchte. Wir sind sehr unterschiedlich. Du bist ja auch viel lauter und größer als ich, ihr Wanduhren habt von Natur aus dieses Grobe, das trennt uns, glaube ich.

Wenn du das Trennende sehen willst, bitte, sagt die Wanduhr. Aber eine kleine Wanduhr will niemand. Wir müssen eine gewisse Größe und Sichtbarkeit haben, das kannst du mir nicht vorwerfen. Und ehrlich gesagt: Ich beneide dich. Du hast so etwas Wertvolles. An einem

Körper getragen zu werden, ist schon etwas Besonderes. Das haben wir Wanduhren nicht. Und einen Puls zu spüren, finde ich, das ist das Größte überhaupt, noch größer als die Zeit, denn es bedeutet Leben.

Ich finde, wer einen Puls spürt, lebt auch selbst, ein bisschen jedenfalls. Da würde es mir auch nichts ausmachen, ständig an die Zeit zu denken.

Spürst du die Wand denn nicht?, fragt die Armbanduhr. Ja, schon!, ruft die Wanduhr. Aber was ist denn eine Wand gegen den Pulsschlag?!

Ich finde Wände toll, sagt die Armbanduhr. Sie haben diese fantastische Schwere und Stabilität.

Wer feste Häuser baut, der macht auch Krieg, sagt die Wanduhr. Ist ein altes Nomadensprichwort. Und was war mit Dschingis Khan?, ruft die Armbanduhr. Komm mir nicht mit schlauen Sprüchen, gib mir lieber einen guten Rat.

Ich kann nur ticken, sagt die Wanduhr. Und zuverlässig sein, soweit die Batterien reichen. Tut mir leid, ich kann dir gar nichts raten. Wie spät ist es bei dir? Fünf vor Zwölf!, ruft die Armbanduhr. Die Lieblingszeit der Menschen, sie erwähnen sie so oft. Und bei dir? Ich bin vor zwei Tagen stehen geblieben, sagt die Wanduhr. Die Batterie ist leer und niemand wechselt sie. Der Puls ist schon seit Wochen weg, sagt die Armbanduhr, ich weiß nicht, wo er ist und ob er nochmal wiederkommt.

Vielleicht macht er Urlaub, sagt die Wanduhr, das gibt es bei den Menschen.

Ja, sagt die Armbanduhr. Urlaub. Das wird's sein.

Der letzte Flug

Ich werde jetzt hinausgehen und eine Weile im Sonnenschein tanzen, sagt Marion Geschke zu ihrem Mann. Ja, tu das!, ruft Ansgar, wer weiß, wann sich der Himmel wieder zuzieht, das Wetter ist so unbeständig! Ansgar!, tadelt ihn Marion. Du schon wieder! Hatten wir nicht ausgemacht, das Wetter nicht mehr zu kritisieren? Entschuldige, Liebling, bittet Ansgar, das ist die Macht der Gewohnheit. Schon gut!, ruft Marion und hüpft barfuß auf den Rasen. Ein Schrei!

Ansgar legt das Buch zur Seite und stürzt aus dem Haus. Ich bin auf eine tote Amsel getreten, sagt Marion. Sie war schon tot. Ja, Liebling, seufzt Ansgar erleichtert und nimmt seine Frau in den Arm. Gewiss war sie schon tot. Sie ist ja schon steif. Er kickt den toten Vogel ins Gebüsch. Da haut ihm Marion eine runter. Das ist ja wohl das Letzte! Eine tote Amsel ins Gebüsch zu kicken, als wär sie eine Cola-Dose! Was ist bloß mit dir los? Hast du keine Achtung vor der Kreatur, du Grobian?

Sie ist to-hot!, ruft Ansgar. Tohohot! Die Kreatur ist tot. Sie spürt nichts mehr und niemanden kümmert es, was weiter mit ihr geschieht, die anderen Vögel nicht, die Bäume nicht, niemanden. Nur du regst dich auf! So ist sie wenigstens noch einmal geflogen! War ein guter Schuss fand ich. Genau in die Thuja.

Du hast sie getreten!, schreit Marion. Die Amsel, das Leben, den Tod – alles trittst du mit Füßen! Ich werde mich von dir trennen, du Arschloch!

Heyhey!, ruft Ansgar. Was sagst du da? Hast du sie noch alle? Wegen einer toten Amsel so ein Fass aufzumachen, krieg dich mal wieder ein! Nein, nein!, ruft Marion. Es ist dein Innerstes, das da zum Vorschein kommt, und es ist widerlich. Es ist so widerlich! Ich halte es keine Sekunde länger mit dir aus.

Super, sagt Ansgar. Das war toll. Sie küssen sich. Krise spielen ist echt toll, sagt Marion. Ansgar nickt und blickt verliebt in ihre Augen. Du hast aber auch die besten Ideen! Und dein Schrei war so furchtbar, so echt, ein echter Gänsehautmoment. Sie lächeln sich an. So, jetzt muss ich aber, sagt Marion bestimmt und sieht zum Himmel hoch. Da ist schon die erste Wolke. Ja, ja, nur zu, sagt Ansgar. Sie küssen sich und Marion fängt an zu tanzen. Ansgar schaut ihr noch ein Weilchen verträumt zu und geht ins Haus zurück.

Es ist immer wieder aufregend, unsere totale Harmonie so aufzupeppen, denkt er und will weiterlesen. Aber er ist jetzt sexuell zu aufgeladen. Da kommt auch Marion schon wieder. Auch sie ist so erotisiert, dass sie nicht weitertanzen konnte.

Wir wenden uns jetzt ab, weil dieser Text hier endet.

In der Hölle

Wir waren aus Übermut in irgendeinen Zug gestiegen und direkt in der Hölle gelandet, wir waren dermaßen fertig. Der Teufel stand uns gegenüber und grinste. Na, ihr kleinen Arschlöcher? Das habt ihr euch nicht träumen lassen, was? Dass man mit so einem stinknormalen Zug in der Hölle landen kann, und zwar einfach so: Kein Unfall, kein Überfall, keine Katastrophe. Der Zug hält an. Alle aussteigen bitte, voila, die Hölle. Er lacht, und wir können seinen Mageninhalt sehen. Es sind – nein, nein, es ist zu schrecklich. Wir hatten uns geschworen: Wenn wir jemals aus dieser Hölle herauskommen, erzählen wir keine grausigen Details. Wir sagen einfach: Es war schrecklich – und fertig. Natürlich haben uns viele gebeten, unsere Erfahrungen aufzuschreiben und zu veröffentlichen. Aber wir wollen damit kein Geld verdienen. Nicht einmal für einen guten Zweck. Das einzige, das wir berichten wollen, ist, wie wir aus der Hölle herausgekommen sind. Es war reine Glückssache. Der Teufel ist ein großer Quizfan und er liebt den Rock'n' Roll. Wenn ihr mir eine Frage richtig beantwortet, dürft ihr raus.

Schieß los, rief Johnny, der vor Angst schon doof geworden war, das wusste ich aber noch nicht. Ok, sagte der Teufel. Wie ist der zweite Vorname von Elvis? Von Elvis Presley?, fragte ich zur Sicherheit. Denn es hatte auch eine Kinderserie im Fernsehen gegeben, in der ein Elvis vorkam. Ich wollte sofort Aaron sagen, aber ich flüsterte es vorsichtshalber zuerst Johnny ins Ohr. Er war selbst ein Rock'n'Roller und ich war mir sicher, dass er meine Antwort bestätigen würde. Doch er verzog nur das

Gesicht und flüsterte: Nein, nein, ich glaube nicht. Überleg mal: Aaron! Das ist ein jüdischer Name, war Elvis Jude? Ich schüttelte den Kopf. Elvis muss katholisch gewesen sein. So tanzen Protestanten nicht. Johnny nickte. Aber wie hieß er dann?, fragte ich ihn. Hartmann, sagte Johnny. Ja, ich bin mir jetzt ganz sicher. Elvis hieß Hartmann.

Johnny, flüsterte ich entsetzt, bist du doof geworden? Hartmann ist ein urdeutscher Name, was hatte Elvis denn mit Deutschland am Hut? Er hat seine Militärzeit hier verbracht, in Bayern, im Land seiner Vorfahren. Ich staunte. Elvis Vorfahren kamen aus Bayern? Ja, mir ist so, sagte Johnny. Ich glaube, sie sind von Preußen aus in die Schweiz gezogen und dann nach Bayern ausgewandert. Sie hießen damals Preußly. Elvis Preußly?, fragte ich. Elvis Hartmann Preußly, sagte Johnny. Klingt total plausibel. Der Teufel freute sich schon. Also Hartmann?, fragte er. Ich war verzweifelt und schrie: Nein! Das war nur Spaß. Elvis zweiter Vorname war Aaron. Das wissen wir genau. Johnny sah mich böse an, konnte aber vor lauter Angst nichts sagen.

Geht bitte, schrie der Teufel, geht! Ihr langweilt mich. Wir gingen durch den heißen, dichten, roten Nebel ins Freie und atmeten tief durch. Wir winkten einem Taxi und ließen uns in einen ruhigen Park fahren, wo wir den Enten am Teich zusahen. Was sind das für Vögel?, fragte ich. Und Johnny sagte: Schmerzadler. Er war noch immer nicht in Ordnung, aber nach zwei Tagen wurde es besser.

Jetzt ist er wieder ganz der Alte, nur wenn er Höhle meint, sagt er Hölle. Er kann nicht mehr Höhle sagen. Er sagt auch Höllenmalerei und Höllenforscher, Nasenebenhölle, Stirnhölle, Achselhölle und so weiter. Ihn nervt das, klar. Ich sage aber immer: Hey Johnny, wenns sonst nichts ist...

Audienz

Ich habe nichts vom Leben
verstanden, klagt der Prophet.
Ich habe es so sehr versucht,
und jetzt ist es leider zu spät.

Verstehe, sagt der König,
das kann einen deprimieren.
Ich muss mein Land nicht verstehen,
ich muss es nur regieren.

Verständnisloses Regieren,
wie soll das denn gehen?
Ruft der Prophet. Das geht nicht gut,
und das kann jeder sehen.

Nicht jeder, sagt der König,
und lächelt süffisant.
Du hast wirklich nichts verstanden,
gar nichts von Leuten und Land.

Du gehst mit deiner Klugheit um,
und das ist gut und schön.
Für mich ist es viel wichtiger,
mit Dummheit umzugehen.

Verstehe, sagt der Prophet,
das kann einen deprimieren.
Es sei denn, sagt der König,
man hat Freude am Regieren.

Also, mach's gut mein Lieber!
Adieu, sagt der Prophet.
Der nächste wird hereingerufen.
Der König fragt: Wie geht's?

Das alte Paar

Oi, oi, oi, ruft Edgar. Jetzt schickt der Trump einen Flugzeugträger nach Nordkorea. Komm essen, sagt Belinda, seine Frau und macht den Teller voll. Edgar setzt sich an den Tisch. Sind ja richtig große Fettaugen drauf! Ja, sagt Belinda. War ein super Suppenhuhn von Neuland, die gibt's bei Rewe nicht. Sehr lecker, sagt Edgar. So eine altmodische Hühnersuppe mit Eierstich ist das Beste was es gibt. Hör auf, sagt Belinda. Das ist Gotteslästerung!

Sie schlürfen die heiße Suppe und sehen sich in die Augen. Es gibt nichts Besseres, denkt Edgar, als diese geile Hühnersuppe zu schlürfen und dabei seiner Frau in die Augen zu schauen, in unserem Alter gibt es nichts Besseres. Er sagt es aber nicht.

Was war da mit dem Trump, fragt Belinda, hat er wieder was getwittert? Edgar schluckt die Suppe runter. Er hat einen Flugzeugträger nach Nordkorea geschickt. Er hat die Faxen dicke. Was für Faxen?, fragt Belinda. Na, von diesem Kim-Jong-weißdergeier. Der macht schon wieder mit seinen Atombomben rum. So ein Arschloch, sagt Belinda. Der sieht aber lustig aus, findest du nicht? Viele Arschlöcher sehen lustig aus, sagt Edgar. Was du dir immer denkst.

Muss ich doch!, ruft Belinda. Wenn ich Nachrichten sehe, will ich auch was Positives sehen, sonst werde ich verrückt. Edgar fällt zum ersten Mal in seinem Leben auf, dass Reiskörner wie kleine weiße Bomben aussehen. Er sagt es aber nicht. Ich finde Flugzeugträger toll, sagt Belinda. Diese Dimensionen! Und dass auf denen Flugzeuge starten und landen können, ist doch der Wahnsinn, findest du nicht? Und gibt es nicht auch dieses Lied, Flugzeugträger im Bauch? Das heißt anders, sagt Edgar. Aber ich weiß nicht wie. Gut, dass wir uns nicht für Musik interessieren, sonst wären unsere Nerven noch angespannter. Die Teller sind leer.

Ich war genau so schnell wie du!, ruft Belinda. Das ist selten. Edgar nickt und Belinda füllt noch ein paar Kellen nach. Flugzeugträger sind unglaublich, sagt Edgar. Aber ich kann mich für Kriegsgerät nicht begeistern. Ach, Kriegsgerät!, ruft Belinda. Wie sich das schon anhört. So ein Flugzeugträger ist für viele Soldaten eine Heimat, glaubst du nicht? Eine Heimat? Edgar lässt den Löffel sinken. Also Belinda, manchmal weiß ich gar nicht mehr, wann du etwas ironisch meinst. Sie lachen.

Ach, sagt Belinda, warum lassen die Amerikaner diesen Kim nicht einfach machen? Sie haben schließlich auch unzählige Atomwaffentests gemacht. Und andere Länder auch. Ich finde diese Einmischungen in die Angelegenheiten anderer Länder generell verkehrt. Fändest du es nicht auch unmöglich, wenn jetzt jemand zur Tür hereinkäme und uns sagen würde, was wir tun und lassen sollen? Wir sind doch kein Land!, ruft Edgar. Das kann man nicht vergleichen. Länder müssen sich manchmal um andere Länder kümmern. Sonst passieren Katastrophen. Nein, nein, sagt Belinda, umgekehrt. Die Katastrophen passieren wegen dieser Einmischungen. Alle Länder sollten andere in Ruhe lassen. Raus aus Afghanistan, raus aus der Ukraine, raus aus Afrika.

Und dann die armen Leute ihrem Elend überlassen?!, fragt Edgar. Was meinst du, was in Afrika los wäre, wenn dort nur Afrikaner das Sagen hätten? Aber in Europa haben auch hauptsächlich Europäer das Sagen und es ist relativ friedlich, meint Belinda. Stell dir vor, eine afrikanische Großmacht, sagen wir die Vereinigten Staaten von

Afrika, würden sich in den Vereinigten Staaten von Amerika einmischen und sich für bessere Lebensbedingungen für Schwarze einsetzen, also mit Waffen und so.

Belinda, ruft Edgar. Du bist so weltfremd! Vereinigte Staaten von Afrika! So etwas wird es nie geben. Die wollen alle nach Europa. Nicht alle, sagt Belinda. Nein, nicht alle, sagt Edgar. Alle ist übertrieben. Ist ja auch schön in Afrika. Wer will schon aus der Heimat weg, wenn's schön ist? Die Soldaten auf den Flugzeugträgern, sagt Belinda. Die sehnen sich nach ihren Familien. Ach, du mit deiner Romantik, ruft Edgar. Die Soldaten auf den Flugzeugträgern sind alle homosexuell, das ist wie in den Klöstern. Wie?, fragt Belinda. Sind alle Mönche und Nonnen homosexuell? Ja, sicher, ruft Edgar. Wie könnte das denn anders funktionieren? Hast du das nicht gewusst? Nein, sagt Belinda. Ich wusste nicht, dass Flugzeugträger und Klöster sich so ähnlich sind.

Sie schauen in die leeren tiefen Teller. Ich bin satt, sagt Edgar. Ich auch, sagt Belinda. Ich spiel noch ein paar Runden Quizduell und dann lese ich noch etwas in der Bibel. Ja toll, ruft Edgar. Ich seh dir dabei zu.

Das Spiel

Eine kleine Butterkerze war ausgegangen und wollte nicht wieder angehen. Was hat sie denn?, fragte die Hundebetreuerin Doreen Haschke. Ihr Mann Jorge, ein chilenischer Turbineningenieur, sah von seiner Gitarre hoch. Vielleicht ist was mit ihrem Docht. Doreen sah nach. Tatsächlich, der Docht hatte sich komplett zurückgezogen. Die junge Frau holte eine Pinzette und zog den Docht aus der Tiefe zurück ans Tageslicht. Was ist?, fragte Doreen. Warum hast du dich verzogen?

Ich bin ein Neger, schluchzte der Docht. Doreen musste lachen. Hast du das gehört, Jorge?, fragte sie ihren Mann. Nein, sagte der, ich stimme die Gitarre. Dann stimm sie, rief Doreen und wandte sich wieder dem Docht zu. Du bist schwarz, sagte sie, das stimmt. Aber du bist kein Neger. Das ist kein gutes Wort. Es hat eine abwertende Bedeutung. Du warst mal weiß. Aber wenn eine Kerze brennen soll, muss der Docht schwarz werden. Aber wenn ich ein Neger wäre, würdet ihr mich dann auch anzünden? Es gibt keine Neger!, rief Doreen. Es gibt Schwarze und Weiße und Rote und Gelbe und Braune, aber keine Neger! Verdammt, was hast du nur?

Die Glühbirne hat mich Neger genannt, sagte der Docht. Doreen machte das Licht an und fragte die Glühbirne. Hast du den Docht Neger genannt?

Doreen, rief Jorge, nun ist aber gut! Deine Kommunikationsspielchen gehen mir langsam auf die Nerven. Alles hat seine Grenzen. Irgendwann drehst du noch durch.

Nur noch kurz, sagte Doreen. Also, hast du den Docht Neger genannt? Nein, sagte die Glühbirne. Der Docht redet immer so hirnverbranntes Zeug. Er will nicht sterben, er ist verzweifelt. Still, sagte Doreen. Bitte!, rief Jorge.

Doreen?, fragte der Docht, bin ich ein guter Docht, obwohl ich Flammen hasse? Das wird mir jetzt zu viel, sagte Doreen. Sie legte die Butterkerze ins Candlelight-Etui und knipste das Licht aus. Jorge lächelte. Die Dinge werden immer verrückter, sagte Doreen. Ja, ja, sagte Jorge. Halt du dich da mal lieber eine ganze Weile raus.

Der Alptraum

Ein Frosch war mitten in der Nacht aufgewacht, weil er etwas Schreckliches geträumt hatte. Er zitterte so stark, dass auch seine Frau von den Vibrationen aus dem Schlaf gerissen wurde. Was hast du denn geträumt?, fragte sie ihn. Nein, sagte er, das kann ich dir nicht sagen, es war zu schlimm. Nun sag schon, rief die Frau, jetzt bin ich neugierig geworden. Na gut, sagte der Frosch. Aber beschwer dich nachher nicht! Mach hinne, rief die Frau. Also, sagte der Frosch, es war schrecklich. Menschen hatten mich gefangen und mir die Schenkel abgeschnitten. Die haben sie gegessen! Und was hast du gemacht?, fragte die Frau. Handstand, sagte der Frosch. Die Menschen haben applaudiert und mich gesund gepflegt. Und dann musste ich jahrelang in einem Amphibientheater auftreten, als Clown. Sie haben mich mit Glitzercreme eingeschmiert, ich musste Glamour quaken. Immer nur Glamour, Glamour. Die ganze Zeit im Handstand. Wie öde, sagte die Frau. Und dann? Kam einer, den sie Kermit nannten. Der hat mich gekitzelt. Und dann? Kam einer, den sie Messi nannten. Er hat uns mit einer Essigpistole in die Augen gespritzt. Dir und Kermit? Ja, uns beiden. Wir haben uns die Augen ausgeweint und dann war der Traum vorbei, weil ich nichts mehr sehen konnte. Logisch, sagte die Frau. Und das war alles? Ja, sagte der Frosch. Schrecklich, oder? Ja, sagte die Frau, der absolute Wahnsinn! Was ein Gehirn so ausbrütet, ich meine, Amphibientheater, Schenkel, wie kommst du bloß darauf? Jetzt hast du sicher Angst vor Menschen, oder? Nein, sagte der Frosch. Menschen sind nett. Mir hat noch niemand was getan. Die freuen sich, wenn sie uns sehen. Was können sie dafür, dass mein Gehirn verrückt spielt. Gut so, sagte die Frau, lass dir bloß von diesen Träumen nicht das Leben versauen. Komm, lass uns weiterschlafen. Morgen ist schon wieder ein superschöner Tag.

Die Antwort lautet Ja

Auf der anderen Straßenseite
Steht ein schwarzes Auto
Für seine Größe hat es
Einen viel zu großen Heckspoiler
Ich finde es sieht so aus
Als wäre es nur auf der Welt
Um diesen Heckspoiler zu transportieren
Es wirkt lustig und doof
Ich kann mich nicht entscheiden
Ich muss es ja auch nicht
Wurde dieses Auto entworfen und gebaut
Um doof und lustig zu sein?
Mit Sicherheit nicht
Und würde ich so etwas denken
Wenn ich wüsste
Wie kurz das Leben ist?

Lebenskunde Nr. 903

Als unsere Lebenskundelehrerin Frau Renzi in den Schwangerschaftsurlaub ging, waren wir alle total traurig. Wir mochten sie, sie mochte uns, sie mochte Kinder. Die kommt nicht wieder, dachten wir. Wenn die erst eins hat, kommt auch noch eins, sagte Tibia. Und noch eins. Das dachten alle. Die kriegt bestimmt 14 Kinder, meinte Georg. Die hat ja einen netten Mann. Du musst nicht gleich den Teufel an die Wand malen, sagte Raffaela. Vierzehn Kinder bekommen heutzutage nur noch religiöse Extremisten. Und dann kam als Vertretung erstmal Frau Hass.

Sie wollte gleich mit uns über die Liebe sprechen. Das ist mir zu privat!, rief ich gleich. Das geht doch keinen etwas an. Manche haben mit der Liebe noch keine Erfahrungen gemacht, entgegnete Frau Hass. Das ist doch voll ok, wenn die nichts sagen und nur zuhören. Auch so kann man etwas lernen. Für mich ist auch Schweigen eine Form der mündlichen Beteiligung. Ich wollte etwas erwidern, aber Jeremy rief: Frau Hass! Wenn sie Frau Liebe hießen, würde wir dann jetzt über den Hass sprechen? Sie lachte. I wo! Ich finde es besser in unserer ersten gemeinsamen Stunde über etwas so Schönes wie die Liebe zu sprechen, das erleichtert den Beginn.

Ramona, was meinst du? Woher wissen sie meinen Namen? Geraten, sagte Frau Hass. Ich kann Namen raten, sagte Frau Hass, das ist ein Phänomen. Ich sehe einen Menschen an und weiß sofort, wie er heißt. Wir glaubten ihr kein Wort.

Ich finde die Liebe gar nicht so gut, meinte Ramona.

Ich finde sie bringt viel Kummer. Ich will mich nicht noch mal verlieben, auf gar keinen Fall. Sie steht auf Idioten!, ruft Jeremy. Sie lässt sich sogar schlagen. Jeremy, bitte!, sagt Frau Hass. Ich denke: Wow, schon wieder richtig. Sie kennt tatsächlich unsere Namen. Lass Ramona bitte aussprechen. Wer kann sich das denn aussuchen, fragt Ramona, in wen man sich verliebt? Das sind doch chemische Substanzen und Prozesse, oder? Da kann man gar nichts machen. Ich war noch nie verliebt, sagt Phil. Ich weiß nicht, was das sein soll, Liebe. Stell dich nicht doofer als du bist, sagt Georg. Was Liebe ist, weiß jeder. Was denn?, fragt Phil.

Georg sieht ihn verständnislos an. Na, dieses Gefühl von Zuneigung und Wärme, das kennst du doch, du spielst doch Fußball, du liebst es, Fußball zu spielen, auch das ist Liebe. Ach so, ruft Phil. Ja, so gesehen hast du Recht. Ich mag auch meine Muskeln. Du liebst dich selbst, sagt Tibia.

Vielleicht bist du ja in dich selbst verliebt, das nennt man Narzissmus. Das klingt wie eine Krankheit, findet Maria. Ja, Narzissmus hat ein schlechtes Image, sagt Frau Hass. Und übertriebene Selbstliebe ist auch nicht liebenswert, das darf man ruhig sagen. Aber sich selbst gut finden, ist völlig in Ordnung.

Ich weiß nicht, sagt Rocky. Sehr viele Arschlöcher finden sich selbst so toll, ich hasse das. Bitte nicht hassen!, sagt Frau Hass. Und so einen Pauschalbegriff, ich meine einen Pauschalbegriff wie, ich möchte äh… das jetzt nicht wiederholen. Finde ich nicht hilfreich. Aber ich denke, wir wissen, was du meinst. Frau Hass! Kennen Sie einen besseren Begriff als Arschloch für diese Menschen?

Naja. Frau Hass überlegt. Ich würde sagen: Problematische Persönlichkeit. Alle lachen. Voll daneben!, ruft Jeremy. Es gibt so viele problematische Persönlichkeiten, die keine Arschlöcher sind. Wir sollten beim Thema bleiben, sagt Frau Hass. Die Arschlochdefinition heben wir uns für später auf. Sie blickt zu Boden. Tut mir leid, jetzt habe ich es auch getan. Glaub mir, ich bin ein guter Mensch, aber ich stamme aus der Unterschicht und manche Dinge wird man einfach nicht los. Ich sage gerne Arschloch und noch lieber Scheiße, ihr könnt euch gar nicht vorstellen, wie oft ich privat Scheiße sage.

Doch!, sagt Jeremy. Ich stamme zwar aus der Mittelschicht, aber mir geht es auch so. Es hängt mit dem Zustand der Welt zusammen. Mit dem des Menschen, präzisiert Frau Hass. Sie sieht auf Jeremys Hände. Sie denkt: Er ist intelligent, aber er hat Wurstfinger. Als ob das ein Gegensatz wäre. Die Liebe, fragt sie schnell, gibt sie euch Kraft? Wir nicken. Also, wenn man frisch verliebt ist, sagt Maria, ist die Liebe wie ein Atomkraftwerk, das ist so eine ungeheure Energie, man strahlt die ganze Zeit, alleine dafür hat sich mein Leben schon gelohnt. Warst du schon oft so schwer verliebt?, fragt Frau Hass.

Maria nickt. Achtzehn mal. Wir applaudieren. Nur Raffaela nicht. Das gibt es gar nicht, sagt sie kühl. Achtzehn mal verliebt! Das hat ja sowas Nuttiges! Maria zuckt zusammen. Nimm das sofort zurück, du Single-Fotze! Stopp!, ruft Frau Hass. So nicht!

Ich nehm's zurück, sagt Raffaela. Aber wenn man sich so oft verliebt, kann's nichts Echtes sein. Ich habe mich in meinen Mann verliebt und in sonst keinen. Wir sind jetzt über zehn Jahre zusammen. Leider will er keine Kinder, er hat Angst vor Ähnlichkeit. Er ist in Therapie. Aber ich könnte mir nicht vorstellen, mich noch einmal zu verlieben, sowas ist doch Schicksal. Der Eine so, der Andere so, sagt Rocky, wo ist das Problem? In der Oberflächlichkeit, sagt Raffaela. Du verliebst dich in einen, und zwei Wochen später in einen anderen. So können doch keine tiefen Gefühle entstehen. Doch, ruft Maria, meine Gefühle sind sehr tief! Tief unten, meinst du wohl, ruft Raffaela. Bitte!, sagt Frau Hass. Reißt euch zusammen. Habt Respekt vor der Anderen. Es bringt doch nichts, sich zu beleidigen. Mir schon, sagt Raffaela ungerührt.

Vielleicht sollten wir jetzt über Hass reden, schlägt Jeremy vor. Nein, sagt Frau Hass. Ihr sagt mir jetzt einfach mal, was ihr an irgendeinem aus der Klasse toll findet. Das hat doch nichts mit Liebe zu tun!, meint Phil. Vielleicht doch, sagt Frau Hass. Na los.

Also, ich mag Georgs Haare, sagt Maria. Solche schwarzen Locken hätte ich auch gerne. Und ich mag Georgs Hund!, ruft Jeremy. Ich mag Raffaelas Ehrlichkeit, sagt Rocky. Dann schweigen alle. Also, Leute, ruft Frau Hass, war das schon alles? Haare, Hund, Ehrlichkeit? Sie sieht mich an. Ich mag Ramonas kleine Brüste, sage ich leise. Hast du sie schon mal angefasst?, fragt Jeremy.

Nein, nur gesehen, sage ich. Sie hat sie mir gezeigt. Für 20 Euro. Lügner!, ruft Ramona. Ich würde nie für Geld meine Brüste zeigen. Du warst so pleite, sage ich. Nun tu nicht so.

Du hast ihre Notlage ausgenutzt, sagt Frau Hass, das ist nicht gut. Das ist widerwärtig. Liebst du Ramona? Nur ihre Brüste, sage ich. Frau Hass schiebt ihre Zunge zwischen Oberlippe und oberer Zahnreihe und bewegt sie hin und her. Es sieht nicht schön aus. Dann drückt sie die Zunge von hinten gegen die untere Zahnreihe und sagt: Ihr seid eine interessante Klasse. Könnt ihr bitte für die nächste Stunde Namensschildchen anfertigen und vor euch auf die Tische stellen?

Aber sie kennen doch unsere Namen, meint Georg.

Nein, sagt Frau Hass. Das Namenraten klappt nur bei Unbekannten. Aber danach vergesse ich die Namen wieder. Also bitte, tut mir den Gefallen. Wir nicken. Ich will ihr noch sagen, dass ich sie auch interessant finde. Aber ich lasse es. Nachher kommt sie noch auf falsche Gedanken.

Die Erbsen

Zwei Erbsen haben sich ineinander verliebt. Sie liegen mit vielen, vielen anderen Erbsen tiefgekühlt in einer Plastiktüte und träumen davon eines Tages ein aufgetautes, freies Leben zu führen.

Das wird sensationell!, sagt die eine Erbse, sie hieß Pia. Wir werden nach Paris rollen und es da richtig krachen lassen. Ich freue mich schon so! Ich mich auch, ruft die andere Erbse. Sie hieß Peter. Diese ganze Coolness habe ich so über, ich möchte endlich die Sonne wiedersehen.

Ihr liebt euch also?, fragt eine dritte Erbse. Die beiden nickten. Wir finden uns unwiderstehlich, wir wollen für immer zusammenbleiben. Die dritte Erbse lacht. Und was findet ihr an euch so besonders? Alles, sagt Pia. Die Farbe, die Form, die ganze Ausstrahlung, wir sind füreinander gemacht. Sie ist perfekt, sagt Peter. So grün, so rund, sie ist so traumhaft schön. Und wir werden Kinder in allen Farben haben. Wie bitte?, fragt die dritte Erbse. In allen Farben? Wir sind doch keine Smarties! Pah!, ruft Peter. Unsere Kinder werden die smartesten Erbsen aller Zeiten. Du wirst schon sehen. Gar nichts werde ich sehen, sagt die dritte Erbse, wir werden alle aufgefressen, die Menschen fressen alles auf. Wir sind nur Nahrung.

Ach, die Menschen, ruft Pia. Bis jetzt haben sie uns noch nichts getan. Noch nichts getan?, ruft die dritte Erbse. Du hast wohl einen Knall! Wir sind eiskalt und knallhart, fühlt ihr euch überhaupt? Das geht vorbei, sagt Peter, das ist nur halb so schlimm. Du regst dich gerne auf, oder? Die dritte Erbse schweigt. Was hast du?, fragt Pia. Ist dir schlecht? Schweigen. Ach lass sie, sagt Peter, sie ist so negativ. Sie kann mit unserer Liebe nichts anfangen, wahrscheinlich ist sie neidisch.

Ich hatte noch nie Glück, sagt die dritte Erbse, das ist alles. Es geht mir so am Arsch vorbei, dass ihr verliebt seid, das könnt ihr mir glauben. Und es ist mir auch egal, ob ihr Illusionen habt. Ihr werdet schon sehen. Aber Glück hätte ich auch mal gern. Ohne Liebe, kein Glück!, ruft Pia. Warum verliebst du dich nicht? Hier sind so viele perfekte Erbsen, such dir eine aus. Oder hast du keine Liebe in dir? Wie wärs mit der da?

Sie zeigt auf eine fette Erbse in der Nähe. Das ist eine richtig geile Sau, glaub mir. Ja, bin ich, ruft die fette Erbse. Wollen wir uns verlieben? Ich kann nicht, sagt Pia, ich bin schon in eine andere verliebt, aber die da sucht jemanden. Sie zeigt auf die dritte Erbse. Wie heißt du? Pipi, sagt die dritte Erbse, und du? Pinocchio, ruft die fette Erbse. Also Pipi und Pinocchio sind jetzt ein Paar, ruft Peter. Tut euch zusammen! Die beiden bewegen sich aufeinander zu und als sie sich berühren, spüren sie die Elektrizität. Wow, ruft die fette Erbse. Das hat ja richtig gefunkt. Ja, sagt die dritte Erbse. Und wie wird das erst, wenn wir auftauen? Nun fangen auch all die anderen Erbsen an, sich umzusehen, und alle verlieben sich. Nur eine bleibt übrig.

Es ist eine polnische Erbse, sie heißt Piwo. Sie weint. Ich habe keinen! Pia fragt Peter, ob er was dagegen hätte, wenn sie auch noch Piwo lieben würde und er sie. Peter sieht sie ungläubig an. Kannst du dich einfach so in eine x-beliebige Erbse verlieben? Pia nickt. Piwo ist genauso grün und rund und perfekt wie wir beiden. Wieso sollte ich mich nicht auch noch in ihn verlieben? Weil er eine andere Erbse ist, ruft Peter. Das bin ich auch, sagt Pia.

Peter ist total enttäuscht und beschließt, für den Rest des Lebens alleine zu bleiben. Als die Tüte aus dem Tiefkühlfach genommen und aufgerissen wird, purzeln all die Erbsenpaare und eine Single-Erbse in das kochende Wasser. Der Mensch hat von solchen Konstellationen natürlich keine Ahnung, er möchte, dass die Erbsen lecker sind, und schmecken tun sie alle gleich, auch Peter.

Elementar

Luft holen
Wasser lassen
Feuer machen
Erde werden

Kommunikation

Heute ist ja so ein schöner Tag!, ruft die Alltagsexpertin Viviane Schröter aus dem Fenster.

Finde ich auch!, ruft die Postbotin Nicole. Schade, dass du arbeiten musst, sagt Viviane.

Gar nicht schade, ruft Nicole. Ich arbeite gerne und an der frischen Luft zu sein ist toll.

Aber du verdienst schlecht, ruft Viviane. Und du weißt nicht, wie lange deine Knochen diese Strampelei noch mitmachen.

Das stimmt!, ruft Nicole. Aber was ist im Leben schon sicher?

Hast du denn keine Angst wegen Nordkorea?, ruft Viviane. Dass der Trump die Sache eskalieren lässt und nachher Atomraketen fliegen?

Ach was!, ruft Nicole. Das sind doch alles nur Ablenkungsmanöver. Das Geschrei soll von den Schweinereien ablenken, die still von statten gehen.

Meinst du all die Finanz- und Rüstungsdeals?

Ja, ruft Nicole. Trump ist nur der Entertainer. Früher haben die Hofnarren die Könige unterhalten, heute kümmern sie sich um das Volk, damit die Herrscher ungestört regieren können. Wer ist das hinter dir?

Mein neuer Freund, ruft Viviane. Er fickt mich nur von hinten, wenn ich im Fenster liege. Sonst kann er nicht.

Ganz schön limitiert, ruft Nicole. Aber besser als nichts, oder?

Ich weiß nicht, ruft Viviane, er ist ganz nett, aber er hat keine Ahnung von Politik. Du weißt ja, wie wichtig mir das ist.

Ja weiß ich, ruft Nicole. Man kann nicht alles haben. Ich muss weiter! Sie radelt los. Bis morgen!

Bis Morgen, ruft Viviane und murmelt: Man kann nicht alles haben... Ich hasse ihre Oberflächlichkeiten und Floskeln. Sie redet immer mindestens einen Satz zu viel, nur um irgendwas zu sagen.

Was murmelst du?, fragt ihr Freund.

Ich sage ein Gedicht auf, sagt Viviane. Ein Gedicht von Eduard Mörike, es heißt: Denk es, oh Seele. Hast du schon abgespritzt?

Nein, sagt der Freund. Kann denn die Seele denken?

Mach weiter, sagt Viviane. Davon verstehst du nichts.

Die Sehnsucht

Anna, flüstert Edgar in der Kirche, ich möchte meine Freude mit dir teilen. Anna betet. Sie möchte sich nicht ablenken lassen. Edgar fängt in der Kirche oft an, über irgendetwas zu reden. Sie hat ihm schon genau so oft gesagt, wie sehr sie das stört, aber er kann es nicht lassen.

Anna, flüstert Edgar. Hast du mich gehört? Ich möchte meine Freude mit dir teilen! Anna sieht genervt zur anderen Seite. Anna, bitte!, flüstert Edgar. Lass mich nicht allein mit meiner Freude! Was denn für eine Freude, Edgar?, fragt Anna. Meine Daseinsfreude, sagt Edgar. Sie gibt mir so viel Kraft. Und ich möchte sie mit dir teilen. Schon passiert, sagt Anna. Danke. Und jetzt lass mich bitte in Ruhe beten.

Anna, flüstert Edgar. Es ist ein tolles Gefühl, seine Freude zu teilen, findest du nicht? Edgar, flüstert Anna, wenn du jetzt nicht deinen Mund hältst, werde ich nie mehr mit dir zusammen in eine leere Kirche gehen, um zu beten. Aber Anna, flüstert Edgar entsetzt, die Kirche ist nicht leer! Sie ist voller Stille und Heiligkeit. Sie ist so voller Frieden, dass jeder und jede so viel davon nehmen darf, wie es die Seele braucht. Und warum lässt du mich nicht in diesem Frieden, Edgar?, fragt Anna ihn und sieht ihm in die Augen. Ach, Anna, schluchzt Edgar. Ich habe so eine tiefe Sehnsucht nach Kommunikation. Die Tränen laufen über sein Gesicht. Und Anna bemerkt, dass er unrasiert ist. Warum hast du dich nicht rasiert? Ich werde mir einen Bart wachsen lassen, sagt Edgar. Damit andere mein Alter besser einschätzen können. Ich möchte meine Umwelt nicht verunsichern.

Jeder weiß, wie alt du bist, sagt Anna. Fremde nicht, sagt Edgar. Anna schweigt. Lass uns weiterbeten. Bitte!, sagt Anna. Wir gehen in die Kirche, um mit Gott zu kommunizieren. Mit mir kannst du außerhalb der Kirche die ganze Zeit reden. Tu ich ja auch, sagt Edgar.

Eine alte Frau betritt die Kirche und kommt auf die beiden zu. Entschuldigen Sie bitte, ist das hier eine Kirche? Anna und Edgar nicken. Gott sei Dank, ruft die Frau. Ich war schon überall und überall hieß es: Nein, das ist ein Bahnhof. Nein, das ist ein Lidl. Nein, das ist die Nautische Buchhandlung. Jetzt kann ich endlich in aller Ruhe mit Gott sprechen. Wissen Sie, ich habe eine tiefe Sehnsucht nach Kommunikation, die kann kein Mensch erfüllen. Ach, sagt Edgar, was sie nicht sagen. Ja, fährt die alte Frau fort. Das kann mich wütend machen, wissen sie? Manchmal trinke ich mit jemandem einen Kaffee und dann finde ich ihn so nichtssagend, dass ich ihm am liebsten den Kaffee in die Fresse kippen würde, verstehen Sie das? Ja, ja, sagt Edgar. Das kann ich gut verstehen. Man will kommunizieren und vom anderen kommt nichts. Das ist so demütigend.

Richtig!, sagt die alte Frau. Ich habe auch schon mal einem einfach eine reingehauen und geschrien: Ficken willst du aber schon, oder? Wie lange ist das her?, fragt Edgar. Also bitte, sagt Anna, wir sind in einer Kirche. Wenn ihr euch weiter unterhalten wollt, geht bitte raus. Nein, sagt die alte Frau, schon gut. Beten sie ruhig weiter. Ich wollte sie nicht stören. Wenn das hier eine Kirche ist, setze ich mich ganz vorne hin und gehe auf in dieser erhabenen Stille. Ich habe einen so großen Frieden in mir, das können sie sich nicht vorstellen. Doch, sagt Edgar, das kann ich mir sehr gut vorstellen. Nicht in ihrem Alter, sagt die alte Frau. Aber ich will mich nicht streiten. Sie geht nach vorne.

Anna sagt: Komm, lass uns gehen. Ich hab den Draht zu Gott verloren. Ich kann nicht mehr. Das nächste mal gehe ich alleine in die Kirche, das sag ich dir. Schade, sagt Edgar. Zusammen beten erregt mich mehr als Sex. Anna öffnet das schwere Portal. Du bist so lächerlich mit deinen Süchten: Die Sucht zu reden, die Sucht etwas sagen zu wollen, was du nicht sagen kannst, die Sucht originell zu sein, die Sucht an meinem Kitzler zu saugen. Sei froh, dass ich so unempfindlich bin. Aber du bist doch gar nicht unempfindlich, sagt Edgar. Anna nickt. Ich kann auch einfach so was sagen, weil es mir in den Sinn kommt, genau wie andere. Du sagst nie was wie andere, flüstert Edgar auf dem Weg zum Auto. Warum flüsterst du?, fragt Anna. Weil ich dich liebe, sagt Edgar. Sie küssen sich, während die Kirche dasteht wie ein ganz normales heiliges Gebäude.

Am Fluss

Ich bin so gerne auf Friedhöfen, sagt Lotti, während sie mit ihrem alten Freund Gernot am Flussufer in der Sonne liegt. Ich auch, stimmt Gernot zu. Wir waren auch schon mal zusammen auf einem, weißt du noch? Ja klar, sagt Gernot. Père Lachaise! Du mit deinem Morrison. Du hast die Doors auch gern gehört, sagt Lotti. Aber ich war nie ein Fan von irgendwem, sagt Gernot. Selber schuld, sagt Lotti, da ist dir was entgangen. Aber wer weiß, vielleicht haut dich nochmal jemand um, das ist wie mit der Liebe, einmal passiert's. Oder auch nicht, sagt Gernot. Und ein Fan von Friedhöfen bin ich auch nicht. Aber ich liebe diese Ruhe und diese Atmosphäre des Friedens. Die haben's hinter sich. Genau, ruft Lotti. Dieses zu Ende sein, das hat doch was. Ob gut, ob schlecht, geliebt, gelitten, Schluss. Aus. Vorbei. Blümchen drauf und fertig. Ja, schön, sagt Gernot. Dieses Entspannte. Und dann die Steine, sagt Lotte. Da stehen dann diese Steine und trotzen einer Zeit, die für die unter ihnen absolut keine Bedeutung mehr hat. Es hat auch etwas Albernes und rührend Sinnloses. Ach, sinnlos nicht, sagt Gernot. Solange es Angehörige gibt, haben Gräber ihren Sinn. Zum Trauern und dass es einen Platz gibt, wo man stehen und sich erinnern kann. Und diese Namen, sagt Lotti. Ich liebe es, diese Namen zu lesen. Und die Geburts- und Todesdaten. Steine, Namen, Zahlen – das hat schon etwas Magisches! Und am schönsten ist es bei Sonnenschein. Am besten im Sommer, wenn man leicht bekleidet ist. Ja, Urlaub auf dem Friedhof, sagt Gernot. Urlaub vom Leben.

Sie schauen in den Himmel. Keine Wolke ist zu sehen.

Der Fluss fließt immer weiter, sagt Lotti, während wir in den Himmel schauen. Spürst du auch dieses schöne Zusammenspiel der Richtungen? Was meinst du?, fragt Gernot. Horizontal, vertikal, sagt Lotti und macht Handbewegungen dazu. Lotti, sagt Gernot, du machst die schönsten Handbewegungen, die ich kenne, sowas von elegant und lässig. Das habe ich immer schon bewundert, diese Anmut. Ja, sagt Lotti. Schon komisch. Sonst bin ich eher trampelig und plump. Aber meine Handbewegungen sind super. Glaubst du, dass sich die Seele eines Menschen durch seine Handbewegungen ausdrückt? Auf jeden Fall, sagt Gernot. Die Seele drückt sich durch alles aus. Auch durch die Bewegungen. Durch alle Bewegungen?, fragt Lotti. Ja, sagt Gernot, geht ja gar nicht anders. Die Seele ist ja in unserem ganzen Körper. Schade, sagt Lotti. Ich hätte gerne eine elegante, lässige Seele. So eine Soul-Seele, wenn du weißt, was ich meine. Vergiss es, sagt Gernot. Wir haben deutsche Seelen, da ist nicht viel mit Soul. Sie schweigen eine kleine Ewigkeit. Das glaube ich nicht, sagt Lotti schließlich. Das eine Seele national sein kann, die ist unsterblich und ewig, wie soll das gehen? Wenn wir vor 2000 Jahren hier gelegen hätten, da gab es Deutschland gar nicht. Hätten wir dann germanische oder römische Seelen oder was? Wenn wir Kühe wären, hätten wir Tierseelen, sagt Gernot. Lotti lacht. Ich stell mir dich mit einem Euter vor.

Geil oder?, fragt Gernot. Vier Pimmel! Vier Zitzen, ruft Lotti. Du bist doch eine Kuh. Gernot springt auf und macht einen Handstand. Kannst du ja immer noch so gut, staunt Lotti. Mit Euter wäre das schwieriger. Sie laufen zum Fluss. Jetzt müsste ein Flussgott auftauchen und uns trauen, sagt Gernot. Dann wären wir Mann und Frau. Sind wir doch auch so, ruft Lotti und sucht nach flachen Steinen.

Auf dem Bauernhof

Eine Kuh und eine Stute wollen heiraten. Geht nicht, sagt der Bauer. Ehe für alle, sagen die beiden. Der Bauer lacht. Da habt ihr etwas falsch verstanden. Es geht um Menschen, nicht um Tiere. Tiere können nicht heiraten, und sie müssen es auch nicht. Ihr könnt doch einfach so zusammen auf der Wiese stehen und glücklich sein, was spricht dagegen? Wir wollen die ganze Zeit zusammen sein, sagt die Kuh. Nicht nur im Sommer auf der Wiese. Auch im Winter und auch nachts. Von mir aus, sagt der Bauer. Hauptsache, du gibst weiter tüchtig Milch. Und du wirfst weiter so prächtige Fohlen. Aber die Hochzeit!, rufen beide Tiere. Wir würden gerne Hochzeit feiern, ganz in weiß. Der Bauer lacht. Ganz in weiß! Er zeigt auf die schwarzen Flecken der Kuh und lacht noch mehr. Ein braunes Pferd und eine schwarz-weiße Kuh wollen ganz in Weiß – er lacht sich tot. Bauer!, rufen die Tiere. Steh auf! Das ist nicht lustig! Sie stoßen ihn mit ihren Schnauzen an. Ich hole Hilfe, ruft die Stute und galoppiert zum Hof. Die Bäuerin alarmiert das Krankenhaus. Es ist zu spät. Was ist passiert?, fragt die Bäuerin die Kuh einige Wochen nach dem Begräbnis. Er hat sich totgelacht, sagt die Kuh. Weil die Stute und ich in Weiß heiraten wollen. Ihr seid schuld, ruft die Bäuerin. Ihr habt unser Glück zerstört! Sie lässt die Tiere schlachten und schenkt das ganze Fleisch dem Tierheim. So traurig geht das aus.

Kleine Tierkunde

Der Eichelhäher, der Eichelhäher
Kommt selten untern Rasenmäher
Die Schwalbe, die Schwalbe
Fliegt besser als zwei Halbe
Der Löwe, der Löwe
Fängt niemals eine Möwe
Das Trampeltier, das Trampeltier
Verliebt sich nicht in einen Stier
Die Eule, die Eule
Wohnt nicht in einer Säule
Der Maki, der Maki
Trinkt weder Gin noch Raki
Die Fledermaus, die Fledermaus
Kennt sich nicht mit Leder aus
Der Pfau, der Pfau
Röchelt wie die Sau
Warum, warum?
Der Fuchs bringt ihn grad um

Bär und Adler

Wenn schlechte Menschen in einer Demokratie an die Macht kommen, bedeutet das doch, dass die Menschen mehrheitlich schlecht sind, oder?, fragt der Eigentumsforscher Richard Gier seine Freundin Susi beim Picknick auf einem nackten Felsen. Ach, lass mich mit deiner Politik in Ruhe, sagt Susi. Du weißt doch, dass mich Massen nicht interessieren. Ich finde sie unheimlich. Aber die Menschen, sagt Richard, sind nun einmal eine Masse. Und ich finde es liegt in unserer Verantwortung, sich für andere zu interessieren, auch als Masse. Mir egal, sagt Susi. Ich habe mein Auskommen. So lange es Haare gibt, sagt Richard. Aber stell dir vor, morgen fallen allen Menschen die Haare aus, weil irgendetwas in der Luft ist, dass uns verpestet. Oder wenn plötzlich alle Menschen nur noch Glatze schön finden und sich selbst die Birne rasieren. Dann bist du arbeitslos. So ein Blödsinn, ruft Susi. Immer diese Panikmache. Und wenn schon. Wenn das so wäre, könnte ich auch was anderes machen. Aber vorher muss ich mir deshalb keine Gedanken machen.

Hey, ruft ein Braunbär. Runter von den Felsen. Das ist meine Sonnenbank!

Ist der echt?, fragt Richard. Du hörst doch, er spricht wie wir, sagt Susi. Ja, sagt Richard. Ich bin verwirrt. Er ist so groß. Lass uns gehen. Er steht auf. Susi bleibt sitzen. Der Bär kommt näher. Haut ab! Nein, sagt Susi. Dieser nackte Felsen gehört dir nicht, wir waren vor dir hier. Da tritt der Bär nach ihr, aber Susi packt seinen Fuß und verdreht ihm übel das Bein. Er fällt hin und kann nicht mehr aufstehen. Er brüllt vor Schmerz. Du Idiot!, ruft Susi. Hast unser schönes Picknick versaut. Ich sollte dir auch noch in die Eier treten. Der Bär weint. Er kramt ein Handy aus seinem Pelz und ruft einen Krankenwagen. Hier kommt kein Krankenwagen hin, sagt Richard. Jetzt muss wegen so eines Idioten der Rettungshubschrauber kommen. Susi nickt. Wenn du nicht so feige gewesen wärst, hätte ich ihn vielleicht nicht fertigmachen müssen, sagt sie. Richard schämt sich. Du bist toll, sagt er, tut mir leid. Manchmal denke ich, sagt Susi, du findest nur meine Brüste und meine Vagina toll. Nein, sagt Richard. Ich finde dich im Ganzen toll. Auch deine Gutmütigkeit und wie du kämpfen kannst. Gut, sagt Susi. Dann warten wir noch auf den Hubschrauber. Nein, ruft der Bär. Ihr könnt mich alleine lassen. Die finden mich schon.

Ist dir wohl peinlich, sagt Susi, wenn rauskommt, dass dich eine Frau vermöbelt hat. Der Bär schweigt. Die beiden brechen auf. Nach fünf Minuten begegnet ihnen ein Adler zu Fuß. Warum fliegst du nicht?, fragt Richard. Und alle, auch der Adler, lachen. Sagt mal, habt ihr vielleicht einen Bären gesehen, fragt der Adler, einen Braunbären, etwa zwei Meter groß? Ja, sagt Susi, er liegt da hinten bei den nackten Felsen. Er ist verletzt. Musst du ihn fangen?

Der Adler nickt. Aber wenn er verletzt ist, will ich ihn nicht fangen. Das ist Fairplay, sagt Richard. Der Adler trabt traurig in die Richtung, aus der er kam. Hey, ruft Richard, willst du deinem Kollegen nicht helfen? Nein, ruft der Adler, wir sind keine Kollegen.

Sie hören den Hubschrauber und sehen dem Adler nach. Ich würde als Adler keine blauen Sneakers tragen, sagt Susi. Ich auch nicht, sagt Richard.

Blumen für Maria

Ich bin am Ende, sagt Jeremy auf dem Weg zur Marien-kapelle. Schon bescheuert genug, dass ich mein geiles Wohnmobil verkauft habe, aber dass ich jetzt auch noch mit euch Gläubigen zur Kapelle tapere, um der Jungfrau Blümchen zu bringen, ist echt das Letzte! Das Leben geht immer weiter, sagt Ruth. Ob wir dabei sind oder nicht, mit Wohnmobil oder ohne, nimm dich nicht so wichtig. Jeder ist wichtig, sagt Melanie, ich meine für sich selbst und die, die einen lieben. Ja, ja, sagt Jakob. Die alte Lei-er: Jeder ist wichtig. So eine Lüge. Manche sind nicht mal wichtig für sich selbst. Muss ja auch nicht sein. Ich habe mich noch nie groß für mich interessiert. Hättest du aber tun sollen, sagt Ruth, dann wäre uns viel Unglück erspart geblieben. Auch wenn man sich nicht besonders interessant findet, sollte man darauf achten, wie man sich verhält. Du hast auf dich keine Rücksicht genommen und auf andere auch nicht. Habe ich doch, sagt Jakob, du hast ja keine Ahnung.

Ruth will noch etwas sagen, aber ein Fahrradfahrer fährt vorbei und gibt Jeremy einen Arschtritt. Der will hinterher, aber der Treter ist schon zu weit weg. Er dreht sich lachend um. Lass ihn, sagt Melanie, du weißt doch wie er ist. Lass ihm die Freude. Ja, klar, sagt Jeremy, einen Geisteskranken soll man nicht verprügeln, aber ich finde, er ist ein Arschloch, Krankheit hin, Krankheit her.

Sie haben die Kapelle erreicht und Ruth geht hinter sie und holt von dort ein großes Glas. Da waren bestimmt mal Bockwürste drin, sagt Jeremy. Ist das nicht etwas zu profan? Ach Quatsch, sagt Ruth und holt Wasser vom nahen Bach. Sie stellt die roten Tulpen hinein. Sieht wunderschön aus, sagt Melanie. Dieses Rot passt so gut zum Himmelblau der Mutter Gottes. Ein bisschen knallig, findet Jakob. Glauben darf auch mal knallig sein, meint Melanie. Demütig sind wir oft genug.

Jeremy, sagt Jakob, wenn du nicht mehr programmieren willst, versuchs doch mal mit Kunst. Wenn du Geld genug hast, ist Kunst doch ideal, da gibt's die größte Freiheit. Freiheit für was, fragt Jeremy, für Mittelmäßigkeit? Soll ich an Kreativworkshops in der Toskana teilnehmen? Verarsch mich bitte nicht. Sei nicht so überheblich, sagt Melanie. Nicht jeder hat große Gefühle. Aber jeder darf sich künstlerisch ausdrücken. Nicht nur die Wahnsinnigen und Begabten. Ich bin frei, sagt Jeremy, dafür brauch' ich keine Kunst. Aber es ist schön, etwas Schönes herzustellen, sagt Ruth, und es tut gut. Es könnte dir helfen. Was ist schon schön?, fragt Jeremy. Die Mutter Gottes da? Ich finde sie gar nicht so schlecht, sagt Melanie, sie ist perfekt proportioniert und sehr anmutig. Und auch die Farbigkeit ist angenehm, mich stimmt sie sogar heiter. Weiß und Blau, sagt Jeremy, die Himmelsfarben. Da kann man nicht viel falsch machen. Als Kinder haben wir ihr einmal mit Kirschsaft rote Wängchen gemacht, kam auch nicht schlecht. Und später haben wir sie mal richtig geschminkt, mit Lippenstift und Kajal und so, Karola und ich. Das sah schon sehr nach Dragqueen aus. Karola war eine verkommene Schlampe, sagt Ruth, das wundert mich gar nicht, widerlich. Ich mochte sie, sagt Jeremy. Weil sie so Rock'n'Roll war, was?, ruft Melanie. Ach, Scheiß-Rock'n'Roll, ruft Jeremy. Die war in Ordnung. Und witzig war sie. Und auch intelligent. Die hat nicht mal die Hauptschule geschafft, sagt Ruth. Die hat mit 10 geraucht und sich später von den Lehrlingen für Geld ficken lassen. Hat sie nicht, sagt Jeremy.

Na, du musst es ja wissen, sagt Ruth und zündet eine Kerze an. Sie hatte einen miesen Vater, der hatte ein Kriegstrauma, sagt Jeremy, aber vielleicht war er auch vorher schon ein Drecksack, wer weiß das schon. Sie ist schon lange tot. Sie hat sich umgebracht. Sie war mit einem Rockmusiker verheiratet. Wissen wir alle, sagt Jakob. Sie war verloren, von Anfang an. Niemand ist das, sagt Melanie, vielleicht hätte sie heute eine Chance. Niemand kommt verloren zur Welt. Sie war verkommen und durchtrieben, sagt Ruth. Sie hat dir Harry ausgespannt, oder etwa nicht?, fragt Jakob. Ach Harry, dieser Vollidiot, ruft Ruth. Das war doch Kinderkram. Ich will jetzt beten. Könnt ihr bitte leise sein? Sie kniet sich auf die Gebetsbank und faltet die Hände. Melanie kniet sich daneben. Jeremy und Jakob gehen an den Bach und rauchen. Immer noch schön, sagt Jeremy. In der freien Natur zu rauchen hat sowas Gesundes. Jakob nickt. Schade, dass es in diesem Bach keine Forellen gibt. Überhaupt keine Fische, sagt Jeremy. Nach der Begradigung war die Strömung viel zu stark. Die Frauen kommen dazu. Verpestet ihr die frische Luft?, fragt Ruth. Die Männer sagen nichts und werfen die Kippen in den Bach. Warum faltet ihr die Hände beim Beten nicht wie Maria, so Handfläche an Handfläche, mit den Fingern zum Himmel?, fragt Jeremy. Das finde ich viel schöner und andächtiger. Du hast doch keine Ahnung vom Beten, sagt Melanie. So andächtig wie wir warst du noch nie. Kommt, lasst uns gehen.

Das Schicksal

Ein Sahnehering wollte in den Zoo, hatte sich aber komplett verlaufen, und zwar so, dass er schon im Zoo war, ohne es zu wissen. Er fragte die Löwen: Wisst ihr, wie ich zum Zoo komme? Was soll das sein?, fragte der Oberlöwe. Zoo? Nie gehört. Da lief der Sahnehering zu den Antilopen. Wir finden den Zoo widerlich, schrien die Antilopen, widerlich und abstoßend! Wir sagen keinem, wo er ist.

So eine Antihaltung, dachte der Sahnehering und rannte ins Vogelhaus. Der Zoo ist irgendwo da draußen, sagte der Tukan. Warum fragst du nicht die Sonne? Die weiß alles. Ach, danke, rief der Sahnehering, darauf hätte ich auch selbst kommen können. Wie denn?, fragte der Tukan. Ohne Kopf kommt man auf gar nichts, du schlappes Ding.

Herr Tukan?, fragte der Sahnehering. Warum beleidigen Sie mich? Ich habe Ihnen nichts getan. Ich bin hier eingesperrt!, rief der Tukan. Ich muss auf diesem toten Ast hocken und mich ansehen lassen. Und diese Menschen sind so hässlich und ich bin so schön. Aber sie sind frei. Darf man da nicht mal ab und an aggressiv sein und einen netten Sahnehering anpflaumen, der keine Peilung hat?

Schon gut, sagte der Sahnehering, Sie tun mir leid mit Ihrem harten Schicksal. Wenn ich den Zoo gefunden habe, werde ich dort mal nachfragen, ob sie nicht einen so schönen Tukan gebrauchen können. Ja, mach das, sagte der Vogel, und geh jetzt bitte.

Der Sahnehering ging an die frische Luft und fragte die

Sonne nach dem Weg zum Zoo. Die Sonne lachte. Du musst rückwärts gehen, rief sie, dann bist du in zwei Sekunden da!

Danke, danke, liebe Sonne!, rief der glückliche Sahnehering. Er wollte gerade rückwärts gehen, da latschte ein fetter Hesse voll auf ihn drauf, aber ohne auszurutschen. Er war zu schwer. Zwei Flamingos hatten das Drama mitbekommen, sie sahen sich an und dachten beide: Freiheit ist nichts für jeden.

Jemand

Jemand, um den man sich kümmert
Jemand, der einen liebt
Jemand, der immer da ist
Und dem man alles gibt

Jemand, der nicht zu viel verlangt
Jemand, der mit einem geht
Jemand, der einen ansieht
Mit dem man sich wortlos versteht

Jemand, der dir blind vertraut
Der dich niemals belügt
Jemand, der dich beschützt
Der gerne bei dir liegt

Ach, wärst du nicht so romantisch
Und weltfremd, streng genommen,
Wärst du schon viel früher
Auf den Hund gekommen

Das Wiedersehen

Also, als Kind war Hafer mein Lieblingsgetreide, sagt Hermann S., ein Rentner. Aber die letzten Jahrzehnte sieht man kaum noch Hafer im Feld. Jo, sagt Horst P., der neben ihm fährt. Beide sind mit E-Bikes unterwegs. Hafer ist selten geworden. Ich fand alle Getreidesorten schön, aber ich muss sagen: Die schlanke Gerste war mir immer am liebsten. Deine Frau ist auch so schlank, sagt Hermann. Das ist wohl dein Geschmack. Gerste ist Gerste und Frau ist Frau, sagt Horst. Das kannst du nicht vergleichen. Und manche dünnen Frauen haben fette Muschis, vergiss das nicht! Nee, nee, ist klar, sagt Hermann. Was ist das denn da hinten auf dem Weg? Ein Mensch, sagt Horst. Ein Mann. Sieht aus wie Bruce Lee. Ich werd' verrückt, das ist Bruce Lee! Er hebt die rechte Hand. Er will, dass wir anhalten. Mir ist mulmig, sagt Horst. Lass uns Tempo machen und an ihm vorbeifahren. Bist du verrückt, sagt Hermann, glaubst du wirklich, wir kommen an Bruce Lee vorbei? Ok, sagt Horst, halten wir an. Wir können ihn ja immer noch zusammenschlagen. Sie halten an. Hey Bruce, wie geht's? Wir dachten, du wärst tot. Bin ich, sagt Bruce Lee. Ich bin so tot wie Elvis. Aber wenn zwei alte Arschlöcher durch die Gegend radeln und sexistische Scheiße reden, schickt Gott mich auf die Erde um ihnen die Fresse zu polieren. Ach so, sagt Horst. Hermann schluckt. Bruce Lee zeigt seine Muskeln. Er scheint topfit. Die beiden Rentner werden doof vor Angst, sie versuchen sich hinter ihren E-Bikes zu verstecken. Bruce Lee tritt sie mitsamt den Rädern um. Sie flehen: Bruce! Lass uns am Leben. Wir reden auch nie wieder sexistische Scheiße. Das soll ich glauben?, fragt der legendäre Kämpfer. Denkt ihr, ich mach den ganzen Weg, um mir eure falschen Versprechen anzuhören? Ach Bruce, stöhnt Hermann, wir haben doch nur die Wahrheit gesagt. Eine schlanke Frau muss nicht überall schlank sein. Lass uns am Leben!

Bruce Lee lächelt. Er macht ein paar blitzschnelle Bewegungen und steht ganz nah vor den Rentnern. Sie kacken ein. Ihr habt Recht, sagt er dann lachend. So ein blöder Spruch, ist kein Grund euch zu töten. Das sieht Gott auch so. Dann springt er hoch und verliert sich rasend schnell im Himmelblau.

Scheiße, sagt Horst. So eine irre Scheiße! Die Welt wird mit jedem Tag verrückter. Warum lässt Gott Trump nicht die Fresse polieren, oder anderen Verbrechern? Wie stehen wir denn jetzt da? Wir sagen, uns hätten Wölfe bedroht, schlägt Hermann vor. Wölfe sind scheue Tiere, sagt Horst. Warum sollten sie an einem herrlichen Sommernachmittag zwei Rentner umzingeln? Und warum sollte Bruce Lee so viele Jahre nach seinem Tod nach Deutschland kommen, um zwei Rentner zu vermöbeln?, fragt Hermann. Ok, sagt Horst, wir schieben's auf die Wölfe.

Der Fehler

Manchmal werde ich urplötzlich traurig und fange an zu weinen, weil ich die Welt nicht schöner machen kann. Dann kneift mich meine Freundin ganz fest in beide Wangen und sagt: Komm zu dir. Die Welt ist schön genug, du überheblicher Idiot. Das finde ich jedes Mal eklig und ich trenne mich von ihr. Zwei Tage später finde ich, dass sie Recht hat, dann sind wir wieder zusammen. Aber diese Wangenkneiferei finde ich immer noch widerlich. Woher hast du nur diese Unsitte?, frage ich sie. Ich muss in deine Wangen kneifen, sagt sie. Nur in deine, und auch nur in diesen bescheuerten Momenten. Bei anderen hat sie nie solche Impulse. Egal. Es ist ihr einziger Fehler, wirklich.

Der Macher und der Optimist

Ein Mann hatte einen Haufen Sperrmüll gelb angemalt und der Nachbar rief: Sieht super aus. Das bringt Sonne in dein Leben, was? Ich weiß nicht, sagte der Mann kaum hörbar, das ist nur gelbe Farbe. Sprich lauter, rief der Nachbar, ich kann dich nicht verstehen. Das ist nur gelbe Farbe!, brüllte der Mann. Das hat mit Sonne nichts zu tun. Geh weg, sonst knall ich dich ab. Womit denn?, rief der Nachbar lachend. Du hast nicht einmal Pfeil und Bogen! Ich bin der Waffennarr, nicht du.

Der Mann sah sich den Haufen an und dachte: Gelb geht mir auf die Nerven. Am nächste Morgen war der Haufen rot. Der Nachbar rief: Das regt mich auf, das Rot! Das macht mich wild!

Er holte ein Gewehr aus dem Haus und ballerte in den Haufen, dass es splitterte und klang. Hör auf!, rief der Mann. Ich streich den Haufen blau. Nein, grün, sagte der Nachbar. Das wird uns beruhigen.

Der Mann war von Natur aus freundlich und strich den Haufen grün. Der Nachbar lobte ihn. Wenn es noch ein wenig verwittert, wird es wie ein Militärdenkmal aussehen, das gefällt mir. Was denn für ein Militärdenkmal?, fragte der Mann. Für die Kriegstoten? Nein, sagte der Nachbar, für die völlig unversehrt Überlebenden. Sei nicht so pessimistisch.

Der 2. Mai

Warum müssen diese jungen Leute auch immer Krawall machen, sagt Horst nach den Unruhen am 1. Mai. Jedes Jahr das Gleiche! Und immer sind die Leidtragenden die Anwohner und die Polizisten. Die kleinen Gewerbetreibenden, ergänzt seine Frau Adele. Ja, ja, sagt Horst. Die müssen immer ihre Front vernageln, das würde mich ja ankotzen, jedes Jahr das gleiche Theater. Es sind aber auch immer die jungen Männer, sagt Adele. Das liegt an diesem Testosteron, das macht die ganze Welt rebellisch. Dagegen müssten sie mal was erfinden. Du bist ja auch oft aggressiv, das kriegst du gar nicht mit. Das krieg ich mit, sagt Horst. Und übrigens: Testosteron hat einen schlechten Ruf, aber es stärkt die Teamfähigkeit. Und Mütter sind viel schlimmer als Testosteron. Guck mal die Meisen!

Seh ich, sagt Adele. Die beiden sehen einer Meise zu, die Filzfasern aus den Sitzkassen auf der Veranda zupft, während eine andere Meise auf Raubvögel achtend nach allen Seiten sieht. Das Leben kann so friedlich sein, sagt Adele. Wie aufopfernd sich die Meisen um ihre Jungen kümmern, das rührt mich fast zu Tränen.

Ja, ja, sagt Horst nach einer Zeit des Schweigens. So hätten wir uns sicher auch um unsere Kinder gekümmert, wenn wir welche gehabt hätten. Du wolltest keine, sagt Adele. Und als wir welche wollten, war es zu spät. Du wolltest auch nicht wirklich welche, sagt Horst. Wir wollten beide in diese Welt keine Kinder setzen, da waren wir uns einig. Wirklich, flüstert Adele, was will man schon wirklich...? Siehst du, sagt Horst, du weißt nicht, was du willst, und nachher machst du anderen Vorwürfe. Mach ich doch gar nicht, sagt Adele. Sie weint. Adele, sagt Horst und greift nach ihrer Hand. Ich finde es auch schade, dass wir keine Kinder haben, aber wir sind auch keine Vögelchen. Ich weiß nicht, ob ich mich so intensiv um Kinder hätte kümmern können, ich war viel unterwegs, das weißt du. Das weiß ich, sagt Adele. Ich weiß wie sehr du unterwegs warst. Sie schweigen.

Na, jedenfalls, sagt Horst, ich weiß nicht, ob ich das geschafft hätte. Ich bin zu egoistisch. Adele nickt. Ich hätte einen anderen Mann gebraucht. Und jetzt hast du eine Glatze, wegen des Testosterons. Nun hör doch mal auf, ruft Horst. Immer dieses scheiß Testosteron, ich kann es nicht mehr hören! Siehst du, wie aggressiv du bist?, ruft Adele. Nie kannst du dir was anhören. Immer musst du überreagieren. So war das immer. Und immer hattest du Fotzen im Kopf, da bin ich mir sicher, ihr Männer habt immer Fotzen im Kopf.

Wie nennst du denn dein eigenes Geschlecht?, fragt Horst. Ich meine das Geschlecht der anderen, schreit Adele. Immer dieses überlegene Getue! Sie macht ihn nach: Wie nennst du denn dein eigenes Geschlecht? Ich hasse dieses Wort: Geschlecht! Geschlecht! Davon kann einem ja nur schlecht werden. Ja, sagt Horst, Gender klingt besser. Willst du noch einen Kaffee? Er blickt in ihre Tasse. Trinkst du den Rest? Adele trinkt den Kaffee aus und Horst holt frischen. Wer weiß, wie es mit Kindern geworden wäre, sagt Horst. Jetzt sind wir zwei ältere, zufriedene Menschen. Kinder können Eltern auch unglücklich machen, sie können einem das Leben versauen. Denk an Thomas und Sabine. Adele nickt. Diese verdammten Drogen! Und stell dir vor, wir hätten uns getrennt, sagt Horst. Du weißt doch wie das ist. Das wissen wir nicht, sagt Adele. Wir wissen es nicht.

Scheidungskinder haben alle Macken. Die können gar nicht glücklich werden. Denen fehlt das Urvertrauen. Sei still, sagt Adele. Du bist so ein selbstzufriedenes Arschloch, du widerst mich an. Ich bin nicht zufrieden und ich sag dir auch wieso: Weil es auf dieser Welt von solchen wie dir zu viele gibt. Selbstgefälliges eitles Pack, das auf Kosten anderer lebt. Du hast mich sexuell und seelisch ausgebeutet! Sei nicht so hart, sagt Horst, das ist unfair. Deine Migräne setzt den Nerven zu sehr zu. Du siehst die Welt zu negativ. Ich sehe dich, ruft Adele. Ich sehe dich auf deinem hohen Ross, alles liegt dir zu Füßen. Du musst es nur beurteilen. Und dann regst du dich auf.

Horst geht ans Fenster. Die Sonne kommt raus. Vielleicht sollten wir an die frische ... Adele! Das Eichhörnchen räubert die Meisen aus! Er reißt das Fenster auf und brüllt. Er läuft in den Garten und kommt traurig zurück. Zu spät! Diese verdammten Eichhörnchen! Ich werde mir ein Luftgewehr kaufen und sie abknallen, das schwör ich dir. Und die Eichelhäher gleich mit. Die tun doch keinem was, sagt Adele. Die leben hauptsächlich von Eicheln und Käfern, ich habe einen Film gesehen.

Und ich habe gesehen, wie ein Eichelhäher jagt. Das traut man denen gar nicht zu!, ruft Horst. Sind eben Räuber, sagt Adele. Die müssen gut sein, sonst verhungern sie. Gut sein?, fragt Horst und sieht sie an. Gut eben, sagt Adele. Stark, geschickt, auch technisch gut. Wie Fußballspieler.

Aber Fußballspieler sind doch keine Räuber, sagt Horst. Ist dir nicht gut? Schon gut, flüstert Adele. Alles gut. Mir war nur grad so blümerant. Ich muss was essen. Hast du denn noch nicht gefrühstückt? Nein, sagt Adele und steht auf. Hab ich total vergessen.

Die irre Geschichte

Eine faule Zwiebel war auf dem Kompost gelandet, aber sie hatte noch keine Lust Erde zu werden. Sie ging über die Straße zur Universität und fragte eine Studentin, ob sie mit ihr gehen wolle. Nein, sagte die Studentin, ich habe schon jemanden. Hast du auch schon jemanden?, fragte die Zwiebel einen Studenten, der vorüberging. Nein, sagte der Student, aber eine faule Zwiebel möchte ich nicht, die hat doch keine Zukunft. Ach, Zukunft, rief die Zwiebel, wir könnten uns ein paar schöne Tage machen und fertig. Und was soll ich mit einer faulen Zwiebel machen?, fragte der Student. Ficken, philosophieren, ausgehen, wegfliegen? Außer Ficken geht alles, sagte die Zwiebel, da sehe ich kein Problem. Der Student hatte ein weiches Herz und packte die Zwiebel in seine leere Tupperware-Butterbrotdose. Ich ersticke, rief die Zwiebel, hol mich hier raus!

Gut, sagte der Student, aber versau mir nicht den Rucksack. Auf dem Nachhauseweg kamen sie an einer Straßentheatergruppe vorbei, und wie es der Zufall so will, fragte mitten im Stück eine Schauspielerin: Hat mal jemand eine faule Zwiebel? Normalerweise hat niemand eine faule Zwiebel dabei und die Schauspielerin sagt dann: Ach, nie bekommt man, was man braucht. Nun aber gab ihr der Student die faule Zwiebel und die Schauspielerin stand doof da. Da sie gerade auch noch persönliche Probleme hatte und das Wetter kühl und regnerisch war und sie auch nicht mehr wusste, ob die Schauspielerei für sie das richtige wäre, feuerte sie die faule Zwiebel wütend auf den Boden. Sie war sofort tot. Die arme

Zwiebel!, rief der Student. Und die Schauspielerin musste lachen und rief: Danke! Das hat gutgetan. Alle Zuschauer applaudierten, weil es auch ihnen gutgetan hatte. Der Student blieb bis zum Ende der Vorführung da und über sechs Jahre mit der Schauspielerin zusammen. Sie verließ ihn, weil sie Kinder wollte und er keine. Das war wenigstens der offizielle Grund, doch bald kam raus, dass sie schon schwanger war und zwar von einem anderen.

Ein schöner Tag

Holger, fragt seine Freundin Angelika, kannst du dich noch an den Schlager »Nur die Liebe lässt uns leben« erinnern? Ich weiß nicht mehr von wem. Nee, sagt Holger, Schlager war nie so mein Ding. Aber das hat man doch mitgekriegt, einfach so, meint Angelika. Ich nicht, sagt Holger und blättert durch ein Kunstbuch.

Meinst du, da ist was dran?, fragt Angelika. Mensch Geli, sagt Holger, du bist ein echtes Grübelmonster geworden. Über alles denkst du nach, sogar über Schlagertexte.

Fiel mir eben ein, sagt Angelika, manchmal kommen mir so alte Lieder in den Sinn, über die ich noch nie nachgedacht habe. Und dann denke ich darüber nach.

Das ist das Alter, sagt Holger. Ich habe mir auch als junger Mensch schon viele Gedanken gemacht, sagt Angelika. Ich mag es nicht, wenn Leute ihre Dummheit durch ihre Jugend entschuldigen. Manche sind auch jung schon wach und aufgeschlossen. Und an mehr als Popmusik und Sex und Shoppen interessiert. Weiß ich, sagt Holger. Er blättert um. Dieser Whistler war wirklich ein großartiger Maler, sagt er mehr zu sich.

Lenk jetzt nicht ab, ruft Angelika. Lässt uns die Liebe leben oder nicht? Holger bläht die Backen auf. Puh! Ich weiß nicht! Viele leben ohne Liebe alleine vor sich hin, die sterben vielleicht früher, kann sein. Da gibt's bestimmt Statistiken. Ich schätze, es ist gesund geliebt zu werden, ja sicher. Das stärkt den ganzen Organismus. Orgasmus, Organismus, das ist ein Wechselspiel.

Holger!, ruft Angelika. Mach dich nicht lustig über

mich. Das ist ein ernstes Thema! Und ich meinte auch gar nicht so sehr, ob man geliebt wird, sondern die eigene Liebe, ob die uns leben lässt.

Ach, die!, ruft Holger. Ja klar lässt die uns leben. Also ich könnte mir ein Leben ohne Kunst und Autos gar nicht vorstellen. Aber es gibt auch lieblose Leute, egoistische, zerstörerische Machtmenschen, aber gut – die lieben sich selbst und die Macht, das ist deren Antrieb, ja, ich glaube der Schlager hat Recht. Aber ob es nur die Liebe ist? Das ist mir zu einfach.

Ist ja auch ein Schlager, sagt Angelika, und kein Essay oder sowas. Da kannst du ja nicht singen: Oh, die Liebe lässt uns leben und außerdem noch das und das und das. Das will ja niemand hören. Wahrheit und Schlager berühren sich nur manchmal. Das hast du schön gesagt, meint Holger.

Wollen wir nachher noch auf den Karneval der Kulturen? Nein, sagt Angelika. Geh du da mal alleine hin. Ich kann den Sambamarsch nicht ab. Was?, fragt Holger.

Na, diesen deutschen Panzer-Samba, ruft Angelika. Das hat doch nichts mit Brasilien zu tun. Das ist moderner Kolonialismus, diese eklige Aneignung fremden Wesens. Geli!, ruft Holger. Bist du verrückt? Was redest du denn da?! Die Leute bewundern eine andere Kultur und erfreuen sich daran! Das ist doch etwas Schönes.

Sie verhunzen die Musik, sagt Angelika, sie überziehen sie mit ihrer Mittelmäßigkeit und ihrer Hässlichkeit und...

Geli, ruft Holger, nun hör auf! Du steigerst dich da in etwas Ungutes hinein. Sollen sie doch trommeln! Besser als grübeln! Los, wir gehen hin. Nein, sagt Geli. Ich kann so viele Menschen nicht ertragen. Als ich letzte Woche zu meiner Mutter geflogen bin und unter mir all die Städte und Ortschaften sah, ist mir wieder einmal bewusst geworden, wie viele Menschen es gibt. Ja, sagt

Holger, und dabei bist du nicht einmal über China und Indien geflogen. Diese Massen!, ruft Angelika. Sie machen mir Angst. Ich gehe nicht auf diesen Karneval. Aber Angelika, sagt Holger, das sind doch keine chinesischen oder nordkoreanischen Massen in Kreuzberg, das sind doch Leute wie wir, die ein bisschen feiern wollen. Friede, Freude, Eierkuchen. Das war das Motto der ersten Loveparade. Da sind wir wieder bei deiner Liebe. Bei meiner?, ruft Angelika. Gibt es vielleicht auch unsere Liebe noch?

Aber Liebling!, ruft Holger. Er legt das Buch beiseite und seine rechte Hand auf Angelikas linken Unterarm. Er streichelt ihn und sieht sie an. Dass wir uns lieben, weiß doch jeder. Ich nicht, flüstert Angelika und sieht aus dem Fenster. So ein schöner Tag. Ja, sagt Holger. So wollte ich immer sein, so einfach und großartig wie ein sonniger Maimorgen. Du bist größenwahnsinnig, sagt Angelika. Ich geh jetzt in den Garten, ich brauche frische Luft.

Licht

Licht kommt um die Ecke
Licht ist ein göttlicher Strahl
Licht ist Teilchen und Welle
Und irgendwann einmal
Werden wir es ganz genau wissen
Denn wir sind intelligent
Der Mensch forscht immer weiter
Bis er das Geheimnis kennt
Licht lässt uns alle leben
Licht lässt die Augen funkeln
Aber die meisten Organe
Liegen lieber im Dunkeln

Eine ruhige Kugel

Hans Schröder hatte sich beim Fußballspielen über einen Ball geärgert, der ins Aus gegangen war. Er musste ihn aus den Brennnesseln holen und kam fluchend zurück. Scheißball!, rief er. Warum musstest du so weit fliegen? Weil ich weg wollte, sagte der Ball. Hans blieb stehen. Weißt du, wie es ist, immer getreten zu werden?, fragte der Ball. Was ist denn?, riefen die anderen.

Ich komme, rief Hans. Lass uns später reden, bat der Ball. Ok, flüsterte Hans, ich nehm dich mit. Nach dem Training packte er den Ball in seine Tasche und legte ihn bei sich zu Hause auf die Couch. Er holte ein Bier. Also, schieß los, du bist unglücklich.

Ja, sagte der Ball, ich will endlich meine Ruhe haben. Diese öde Treterei macht mich fertig. Immer rollen! Immer fliegen! Ich möchte ganz ruhig daliegen. Ich bin Masochist, sagte Hans, ich finde es ganz schön, getreten zu werden. Aber mich tretet ihr richtig brutal, sagte der Ball. Und diese Pressschläge! Denen könntest du auch nichts abgewinnen.

Du bist ein Ball, sagte Hans, man hat dich hergestellt um getreten zu werden und wenn dir das nicht passt musst du unglücklich sein. Lass mich doch einfach hier bei dir, bettelte der Ball. Ich tu auch alles, was du willst. Was kannst du denn?, fragte Hans. Der Ball schwieg. Du kannst nichts und du willst nichts, sagte Hans. Nur Ruhe haben. Was hab ich denn davon?

Du könntest mich wie eine Gottheit verehren, sagte der Ball. Du könntest mir einen kleinen Altar bauen und mir kleine Opfergaben hinstellen. Es muss nichts Grcßes sein. Ein Schälchen Pudding, etwas Salz und Zucker, etwas Crystal Meth, was du willst. Ich würde dir nie Crystal Meth opfern, sagte Hans, ich bin doch nicht bescheuert. Aber krank, sagte der Ball. Wieso, rief Hans, was soll das? Du sprichst mit einem Ball, sagte der Ball, du bist nicht ganz dicht. Ich spreche auch mit anderen Dingen, sagte Hans, nicht nur mit Bällen. Und das ist krank, sagte der Ball. Ich kann dir helfen, aber dazu musst du mich verehren. Also, was ist?

Hans sah den Ball sehr lange an. Dann tat er ihn wieder in die Sporttasche. Ich rede gerne mit Dingen, sagte er noch zum Ball. Aber wenn man anfängt, sich von Dingen etwas erzählen zu lassen, muss man aufpassen. Es gibt Grenzen. Hans!, rief der Ball. Verehre mich!

So ein mieses Leder, dachte Hans und stellte die Sporttasche raus auf den Balkon. Beim nächsten Training schoss er so hart auf das Tor, das alle staunten: Mensch, Hans! Das sind ja echte Granaten! Hans winkte halb stolz ab. Ach was, wir sind doch nicht im Krieg.

Freundinnen

Nee, geht mir nicht so, sagt Edeltraud zu ihrer Freundin Geli, mir machen Menschenmassen keine Angst, also ich meine, wenns keine Soldaten sind oder Flüchtlinge. Also Edeltraud!, ruft Angelika. Das geht doch nicht. Flüchtlinge mit Soldaten in einen Topf zu werfen. Masse ist Masse, sagt Edeltraud. Komm, hilf mir beim Kartoffelschälen, sagt Angelika. Sie holt die Messerchen aus der Schublade und die Kartoffeln aus dem Korb. Sie setzen sich einander gegenüber. Ehrlich gesagt, meint Edeltraud, ich mag Massen. War schon früher auf den Demos so. Das war so ein erhebendes Gefühl: So viele sind wir! Da war ich auch mal mächtig, also wenigstens in dem Moment. Und auf der Fanmeile fand ich das auch ganz geil, 2006 bei der WM. Ich meine, kennst du das denn gar nicht, dieses Gefühl? Angelika sieht sie skeptisch an. Welches Gefühl?

Na sowas wie Lust, sagt Edeltraud, so eine Lust, in der Masse aufzugehen und Teil von etwas Größerem zu sein. Nee, sagt Angelika, in einer Masse habe ich immer nur das Gefühl unterzugehen. Aber stell dir mal vor, sagt Edeltraud. Du wärst damals in Amerika dabei gewesen. In den Sechzigerjahren, bei diesen großen Kundgebungen mit Martin-Luther King und alle singen: We shall overcome. Das hätte dich bestimmt auch mitgerissen und getragen.

Diese schwarzen Stellen, sagt Angelika, in letzter Zeit haben diese Scheißkartoffeln immer schwarze Stellen. Von manchen muss man die Hälfte wegschneiden. Sind das denn Bio-Kartoffeln?, fragt Edeltraud. Nein, ganz normale von Aldi, sagt Angelika. Wahrscheinlich falsche Lagerung, sagt Edeltraud. Die sind mir auch zu klein. Ich dachte, so kleine dürften gar nicht mehr verkauft werden. Wohl doch, sagt Angelika. Die sind oft so klein, dann willst du Pommes machen und die Dinger sind so mickrig. Lass es, sagt Edeltraud, Pommes sind ungesund. Mir tun sie gut, sagt Angelika. Und Majo und Ketchup tun mir auch gut. Sieht man, sagt Edeltraud. Blöde Kuh, sagt Angelika. Sie lachen.

Kannst du dich an den alten Schlager erinnern?, fragt Angelika. »Nur die Liebe lässt uns leben«. Ja klar!, sagt Edeltraud. Hat den nicht Mary Roos gesungen? Ja, ja, ruft Angelika, das kann gut sein! Ich dachte erst an Katja Ebstein, aber stimmt, Mary Roos. Mit zwei O. Nicht wie Rose auf Englisch. Nicht Maria Rose. Edeltraud lacht, woran du immer denkst: Maria Rose! Das klingt schon religiös. Haben für manchen Menschen ja fast schon etwas religiöses, diese Schlager und ihre Interpreten, sagt Angelika. Diese Verehrung! Manche Leute haben einen einzigen Hit und darauf reiten sie ein ganzes Leben lang. Na ja, meint Edeltraud, viele Menschen haben nie einen Hit, weder beruflich noch privat. Sie lachen schon wieder.

Ich fand Schlager immer toll, sagt Angelika. Da waren richtig abgefahrene Sachen dabei. Edeltraud lächelt. Aber ich hab auch oft gedacht: Mein Gott, diese Verarsche!, sagt sie amüsiert. »Ganz in Weiß«! Und »Du bist nicht allein«. Wie kitschig! Und kannst du dich an »Candida« von – sie überlegt – ich glaube Bata Ilic, erinnern? Sie singt: Oh, oh Candida, keine Nacht kann ich schlafen. Da hat sich der Autor wohl vom Scheidenpilz seiner Freundin inspirieren lassen. Ich seh das vor mir: Der schreibt das auf und stellt sich vor, wie das in der Hitparade gesungen wird und alle singen mit: Oh Scheidenpilz, keine

Nacht kann ich schlaaafen! Der war doch ziemlich hässlich, dieser Bata Ilic, oder? Fand ich auch, meint Angelika. Eine Freundin von mir hat ihn mal in echt gesehen, da hat er sich im Supermarkt an der Kasse vorgedrängelt.

Na, jeder hats mal eilig, sagt Edeltraud. Er war erfolgreich, also irgendetwas scheint er richtig gemacht zu haben. Was heißt das schon, sagt Angelika, gilt auch für Trump und andere Idioten, die Masse fällt immer wieder auf Blender rein, und deshalb mag ich sie nicht. Viele haben Trump nicht gewählt, sagt Edeltraud, das ist auch eine Masse. Es gibt gute und schlechte Massen. Was ist eigentlich eine kritische Masse?, fragt Angelika. Diesen Begriff gibt es doch, oder? Aus der Physik? Ja, sagt Edeltraud, den gibt es. Aber genau weiß ich es auch nicht.

Ich google das jetzt mal.

Kleine Sonnen

Die Trauben waren so sauer, dass sich nicht einmal die Fruchtfliegen für sie interessierten. Von mir aus, sagte die Frau zu ihrem Mann, kannst du sie rot anmalen. Zu viel Arbeit, sagte der Mann und fuhr in den Baumarkt eine Dose Sprühlack kaufen. Er sprühte die Trauben rot an und sie sahen richtig klasse aus. Sie glänzten so unglaublich, dass der Mann sich sicher war, sie für einen guten Preis loszuschlagen. Er stellte sich neben den St. Georgsbrunnen in der City und hielt sie sich vors Gesicht. Ist das eine Intervention oder eine Performance?, fragte eine kunstinteressierte Passantin. Nein, sagte der Mann. Das sind rote Trauben. Man kann sie nicht essen, aber sie sehen toll aus, finden sie nicht? Ja, schon, sagte die Frau, hat was. Aber ich würde so einen Scheißdreck nie kaufen. Lebensmittel zu lackieren ist das Letzte. Haben sie keine besseren Ideen? Nein, sagte der Mann, es hat sich so ergeben. Die Trauben waren ungenießbar und ich wollte sie nicht einfach wegwerfen. Ach so, rief die Frau, sie waren ungenießbar! Das ändert alles. Dann haben sie getan, was sie konnten, sehr lobenswert! Ich habe die Welt schöner gemacht, sagte der Mann, stimmts? Kann sein, meinte die Frau. Die Trauben sehen unnatürlich aus, und irgendwie perfekt, wie viele untergehende Sonnen. So ein Unsinn, rief ein älterer Mann. Wie kann man denn in diesen knallroten Trauben untergehende Sonnen sehen? Sie haben eine kranke Fantasie.

Die Frau erschrak. Oh Gott, sie haben Recht! Ich werde mich geißeln. Ich werde mich zu Hause züchtigen, damit mir so etwas nie wieder passiert. Endlich mal jemand, der sich was zu Herzen nimmt, sagt der Alte und gibt der Frau High Five. Was wollen sie für die Trauben haben, fragt er den Mann. Zehn Euro, sagt der Mann. Aber sie sind mehr wert. Finde ich auch, sagt der Alte und gibt ihm Zwanzig. Er nimmt die Trauben und geht weg.

Sicher wird er die Trauben beim Verschrumpeln fotografieren und nachher einen schönen Zeitrafferfilm haben, sagt die Frau. Kann sein, sagt der Mann. Aber vielleicht schlägt er auch nur mit einem Hammer drauf. Oder schneidet ein paar Trauben durch, um zu sehen, dass es echte sind. Na, wie auch immer, sagt die Frau, danke für den Zeitvertreib. Ja, bitte, sagt der Mann. Ich fands auch schön.

Expressionismus

Ich habe eine Tube Zahnpasta ausgedrückt
Einfach so
Weil ich die Zahnpasta aus der Tube
Auf einem Haufen sehen wollte
Nein, so bin ich nicht
Das würde ich nie tun
Das wäre Verschwendung
Aber ich musste es aufschreiben
Weil ich mich selbst ausdrücken möchte
So ist das

Ohne Titel Nr. 11

Eine einfache Schrippe und ein Glas Milch hatten sich wegen der Religion total gestritten. Wie kann man nur als Schrippe den Islam ok finden?, schrie das Glas Milch schon beinahe hysterisch. Frauen werden im Islam unterdrückt. Sie müssen sich verschleiern und mit fünf Metern Abstand hinter ihrem Mann die schweren Einkaufstaschen schleppen. Aber nicht alle, sagte die Schrippe ungerührt. Außerdem bin ich keine Frau. Jedenfalls haben sie beim Islam die schönsten Bärte. Ich stehe so auf Bärte, das kannst du dir nicht vorstellen!

Hipster haben auch so Bärte, entgegnete das Glas Milch. Abgeguckt!, rief die Schrippe. Das sind Islam-Bärte, die diese Luschen gestohlen haben, um sich damit aufzublasen. Also du würdest einen Mann heiraten, weil er einen schönen Bart hat?, fragte das Glas Milch. Ja klar, sofort, rief die Schrippe, ich würde auch ein Kopftuch tragen, Burka, alles! Und würdest du auch einen Islamisten heiraten?, fragte das Glas Milch. Um Himmels Willen, schrie die Schrippe, ich hasse Fundamentalisten und Leute, die anderen den Kopf abhacken.

Das Glas Milch schwieg. Was ist?, fragte die Schrippe, fehlt dir jetzt die Angriffsfläche? Ha, rief das Glas Milch, mir fehlt gar nichts. Ich bin so friedlich wie ein Hasenfell und ich genieße es.

Sie hörten Schritte. Gluck, gluck, gluck. Die Milch war weg, jetzt schnitt der junge Mann die Schrippe in zwei Hälften und legte sie mit den Innenseiten nach oben links und rechts von sich auf den Tisch. Dann imitierte er die Startgeräusche eines Motorrads und hielt einen imaginären Lenker in den Händen. Sind wir die Außenspiegel?, fragten die Schrippenhälften. Nein, sagte der glattrasierte junge Mann. Ihr seid die Beiwagen. Kleine süße Beiwagen für meine Bienen. Ich bringe sie zum Blütenmeer. Au weia, dachten die Schrippenhälften, hat der einen an der Waffel.

Wirst du uns nachher essen?, fragte die eine Hälfte. Ich esse keine Beiwagen, rief der Mann empört, und jetzt seid still! Ich will dem Fahrtwind lauschen. Da ließen sich die Schrippen wütend Bärte wachsen, ganz spärliche, es sah so lächerlich aus. Als der junge Mann die Veränderung bemerkte, rief er seine Mutter an und sagte: Mutti, stell dir vor, meine Brötchen haben Schamhaar. Kurt, schimpfte die Mutter, machst du schon wieder Blödsinn? Geh bitte sofort in die Kirche und zünde zwei Kerzen an. Eine für mich und eine für die Schönheit der Natur. Ja, mach ich, sagte Kurt.

Schule für Große Nr. 812

Gestern haben wir aus aktuellem Anlass in Deutsch über das Burnout-Phänomen gesprochen, warum in Deutsch weiß ich nicht. Wahrscheinlich wollte Frau Kur einfach mal etwas Aktuelles durchnehmen. Außerdem sieht sie selbst ziemlich fertig aus. Vielleicht weiß sie viel mehr, als sie zugibt. Wann fühlt ihr euch ausgebrannt?, fragte sie am Anfang der Stunde und Katja sagte: Nach Sex. Wir gähnten alle demonstrativ, sogar Frau Kur, weil Katja immer alles mit Sex in Verbindung bringt, wir nehmen sie schon nicht mehr ernst. Wären wir auf sie eingegangen, hätte sie garantiert gesagt, dass ihre multiplen Orgasmen sie so fertigmachen.

Frau Kur fragte gezielt andere. Rüdiger, sag mal! Nie, rief Rüdiger. Ich war noch nie ausgebrannt. Kann ich mir auch gar nicht vorstellen bei meiner Energie. Das konnten viele Burnout-Opfer sich nicht vorstellen, bevor es sie erwischte, erzählte Frau Kur. Und dann wachen sie morgens auf und können sich nicht mehr bewegen, oder sie bekommen Heulkrämpfe beim Joggen. Hat von euch schon mal jemand Heulkrämpfe beim Joggen bekommen?

Heulkrämpfe nicht, sagte Elvira, aber ich bin einmal am Ententeich total traurig geworden und habe aufgehört zu atmen. Ich hatte eine Entenfamilie mit drei Kühen gesehen und dachte: So eine schöne Familie wirst du nie haben. Du meinst Küken, sagte Frau Kur, ein Entenpaar mit drei Küken. Nein, erwiderte Elvira, es waren drei kleine Kühe, vermutlich adoptiert. Also bitte Elvira, rief Frau Kur, wo gibt's denn sowas? Kleine schwimmende

Kühe! Habe ich gesehen!, rief Elvira. Verletzen sie mich nicht. Ich will dich nicht verletzen, sagte Frau Kur. Wir lassen das so stehen und fragen: Wie lange hast du nicht geatmet? Gefühlte zwei Tage, sagte Elvira. Aber das hält ja kein Mensch aus. Ich weiß es nicht. Meine Traurigkeit ließ auch bald nach, ich kann nie sehr lange traurig sein. Es nimmt mich zu sehr mit.

Das war kein Burnout, sagte der schöne Ansgar. Dafür bist du viel zu faul. Stimmt, sagte Elvira, und du? Du bist auch faul, macht dich das denn manchmal niedergeschlagen oder depressiv? Nein, erklärte Ansgar, für mich ist die Welt perfekt, ich muss da nichts mehr machen. Die meisten Leute, die was tun, machen die Welt nicht schöner. Aber wenn niemand etwas täte so wie du, wie sähe es dann hier aus?, rief Elvira. Das halten die meisten nicht aus, sagte Ansgar, sie sind hässlich und sie müssen die ganze Zeit etwas tun, um ihre Hässlichkeit zu vergessen. Wenn wir Menschen schön wie Tiere wären, hätte niemals ein Gedanke an Arbeit aufkommen können. Und ohne Arbeit kein Burnout.

Spinner!, rief ich. Wir sind zivilisierte Menschen und Arbeit macht auch schönen Menschen Spaß und Freude. Denk mal an Heidi Klum oder Ronaldo. Oder Wolfgang Joop oder Maria Furtwängler. Die sind nämlich nicht so dumm wie du. Neidisch?, fragte Ansgar und strich sich ein paar Strähnen aus der Stirn.

Ich bin immer müde, sagte Rolfi. Seitdem ich meinen Imbiss aufgegeben habe, bin ich müde, nicht lebensmüde, aber irgendwie am Ende. Ich habe nie Erfolg gehabt, das kostet Kraft. Warst du nicht mal Olympiasieger im Boxen?, fragte Angela. Nee, sagte Rolfi, ich habe zweimal bei einer Hallen-Europameisterschaft die Bronzemedaille im Kugelstoßen gewonnen, mit unerlaubten Mitteln. Ist nicht rausgekommen. Damals gab es kaum Kontrollen.

Du hast gedopt?, fragte Knut. Ist ja klasse. Hätte ich dir gar nicht zugetraut. Alle schwiegen.

Frau Kur, sagte Elena, unsere Gesellschaft macht auf mich einen runtergekommenen Eindruck, man hört so viel Negatives. Ach, sagte Frau Kur, lass dich nicht täuschen, Elena. Das liegt auch an den Medien. Die handeln mit Nachrichten und schlechte verkaufen sich besser als gute. Trotzdem, sagte Elena und fing zu weinen an. Ich habe so ein schlechtes Gefühl, weil die Seelen der Menschen verkümmern. Sie gehen ein wie Pflanzen ohne Wasser. Sie haben keine Freude. Ja, sagte Frau Kur. Da ist was dran. Wir müssen Kakteen werden, die kommen mit wenig Wasser aus. Die sind ja auch sehr populär. Ich liebe Kakteen. Und wenn Kakteen jahrelang ohne Wasser in der prallen Sonne stehen?, fragte Loni. Sind sie dann auch irgendwann ausgebrannt? Ja, sicher, sagte Frau Kur. Und bevor sie eingehen, sagte Elvira, fangen sie an zu leuchten. Und dann kommen Engel in der Nacht und machen bis zum Sonnenaufgang Pipi auf die Kakteen. Und davon gehen sie dann ein, sagte Horst. Elvira nickte. Aber es war gut gemeint. Nein, rief Frau Kur, so traurig endet mir die Stunde nicht. Wo haben die Frauen krauses Haar? In Afrika!, rief Katja. Sie kennt fast jeden Witz.

Spartag

Ich hatte über eine nahe Bekannte erfahren, dass das Weltende bevorstünde. Sie sagte aber gleich: Erzähl es bitte nicht überall herum, sonst gibt's noch Panik, du weißt ja, wie die Leute sind. Hey Maxi, fragte ich, bin ich vielleicht der Typ, der alles sofort ausplaudert?

Nein, sagte sie, es ist nur eben eine Neuigkeit, die nicht so leicht für sich zu behalten ist, also sei stark. Ich ging zwei Flaschen Rotwein kaufen. Der Weinhändler sagte: Schon gehört? Die Welt soll demnächst untergehen. Welche Welt?, fragte ich abgeklärt. Na, unsere, sagte der Händler, unsere Welt, mit all ihren Geschmacksrichtungen und Farben und Formen und Bewusstseinserweiterungen und Pflügen und Heerscharen von Engeln.

Sind Sie jetzt verrückt geworden, oder was?, fragte ich mitleidslos. Warum lassen Sie das zu, dass jemand Ihren Geist durch solch ein haltloses Gerücht verwirrt?

Ich wollte noch so viel erleben, sagte der Weinhändler, mein Mann und ich, wir hatten noch so viel vor! Also bitte, sagte ich, reißen Sie sich zusammen. Sie haben doch sicher schon eine Menge erlebt, oder? Der Händler lächelte. Ja, sicher, war geil. Dann geben Sie doch Frieden, sagte ich, warum denn immer gierig bleiben? Warum so unflexibel? Ist schöner, sagte der Weinhändler. Ja, sagte ich versonnen, vielleicht haben Sie Recht. Und wer weiß, vielleicht wird diese Gier uns retten, vielleicht ist sie das Zünglein an der Waage. Sind Sie Schauspieler?, fragte er. Ich sagte: Nein. Aber ich liebe es, manchmal so zu tun, als sei ich anders.

Ich ging. Macht 18 Euro!, rief der Verkäufer. Sie wollen angesichts des Untergangs noch Geld von mir?, wunderte ich mich. Sie haben mir Mut gemacht, sagte der Händler. Geben Sie mir 15. Ich gab ihm 15. Danke. Danke. Auf Wiedersehen. Auf Wiedersehen. Bis dann, rief ich. Er hob die Linke und ließ sie auf den Tresen sinken. Ich hatte 3 Euro durch meine Verschwiegenheit und den gespielten Optimismus gespart. 3 Euro, immerhin.

Ganz einfach

Ich habe konzentrische Kreise gezeichnet
Um mich zu konzentrieren
Und als ich konzentriert war
Fing ich an zu vibrieren
Ich vibrierte ein paar Sekunden
Einfach so aus Spaß
Und ich muss schon sagen
Ja, es hatte was
Aber es ging weiter
Ich sprang aus dem Stand 3 Meter
Dann machte ich am Boden liegend
Eklig lautes Gezeter
Ich wollte ein irres Tier sein
Das niemand haben will
Und danach wurde ich ganz plötzlich
Lustig und sehr still
Das hat mich krass ermüdet
Ich schlief so tief und schön
Als ich erwachte, habe ich mir
Die Kreise angesehen
Jemand kam ins Zimmer
Und fragte: Was tun Sie hier?
Ich sagte: Na, Sie sehen doch
Ich versuche mich zu konzentrieren

Vor dem Spazierengehen

Warum regst du dich eigentlich nicht über Donald Trump auf?, fragte Martha Drehkopf ihren Mann Matthias. Mir gefällt seine Frisur, sagte ihr Mann. Martha sah ihn lächelnd an. Sonst hast du dich immer über alles Mögliche aufgeregt, sagte sie, und in letzter Zeit bist du so ausgeglichen. Gestern hast du es sogar ok gefunden, dass der Schlecker vor seiner Pleite versucht hat, seine Schäfchen ins Trockene zu bringen. Muss ich mir Sorgen machen? Wirst du in die SPD eintreten?

Matthias lachte. Lass dich nicht täuschen, ich werde immer radikaler. Aber ich rede weniger als früher, das stimmt. Was heißt das, »radikaler«, fragte Martha, bist du für die Todesstrafe und Enteignungen? Nicht so pauschal, rief Matthias, aber es wird keinen gesellschaftlichen Fortschritt geben ohne eine Veränderung der Eigentumsverhältnisse. Und auch, was Arbeit ist, muss neu gegelt werden. Gegelt? Martha sah ihn entgeistert an.

Geregelt, sagte Matthias. Schau mich bitte nicht so an. Ich habe mich versprochen, ich werde nicht dement. Du versprichst dich oft in letzter Zeit, sagte Martha. Ja, aus Spaß!, rief Matthias. Mich langweilt dieses ewige Gequatsche. Dann baue ich Versprecher ein und lustige Varianten, du kennst mich doch. Ich gehe spielerisch mit Sprache um, immer schon. Aber Versprecher haben damit nichts zu tun, wandte Martha ein, das sind Fehler. Du bist nicht konzentriert. Ja, stimmt, sagte Matthias. Diese Konzentration ist auch so ein Fetisch unserer Leistungsgesellschaft. Ich rebelliere gegen sie, verstehst du? Dezentration entspannt. Nee, sagte Martha, wenn alle nur noch unkonzentriert daherreden, gibt es ein Riesendurcheinander, und sonst gar nichts. Man möchte doch verstanden werden, oder?

Früher haben wir uns auch ohne viele Worte verstanden, sagte Matthias, und heute diskutieren wir über jede Kleinigkeit. Findest du diesen Trump eine Kleinigkeit?, fragt Martha. Er wird die ganze Welt aufmischen. Ich wusste, dass er Präsident wird, sagt Matthias. Das ist der Zeitgeist. Mit dem Aufkommen der Fitness- und Nagelstudios hat sich die Dummheit vermehrt. Seitdem es das Privatfernsehen gibt, sind auch bei uns die Schwachköpfe selbstbewusst geworden. Und die Amis waren schon immer grenzdebil und rassistisch. Das ist nichts Neues. Es kommen schwere Zeiten. Hoffentlich schaffen unsere Autofirmen es, auf den Elektromobilzug aufzuspringen, sonst leidet unser Wohlstand. Das kann dann kritisch werden.

Martha nickt. Lass uns spazierengehen, es ist mild. Der Frühling liegt in der Luft. Was meinst du?, fragt Matthias. Werden wir für die Demokratie kämpfen müssen? Wahrscheinlich, sagt Martha, aber ich kämpfe gern. Ich auch, sagt Matthias. Sie treten aus dem Haus. Der Frühling ist schon da, ruft Martha, das ist ein irrer Duft!

Zwischen Himmel und Erde

Zwei alte Traktorreifen liegen nebeneinander auf der Wiese hinter einem Bauernhof und träumen so vor sich hin. Haben wir nicht ein tolles Leben?, sagt der Eine. Einfach rumliegen und älter werden… Ja, sagt der Andere, uns geht's wirklich richtig supergut, ich wünschte, alle wären so glücklich und zufrieden wie wir. Wir haben aber auch gut dafür geackert, sagt der Eine. Das haben wir uns verdient. Viele ackern, sagt der Andere. Aber viele werden recycelt und wiederverwertet. Die finden keine Ruhe. Das muss schrecklich sein, sagt der Eine, immer etwas Neues werden! Wo bleibt da die Identität? Beide räkeln sich.

Wen habt ihr eigentlich lieber?, fragt die Wiese. Mich oder den Himmel? Keine Frage, rufen die Traktorreifen, dich natürlich! Der Himmel ist auch toll, aber ohne dich würden wir ins Bodenlose stürzen. Und dein Gras ist das Geilste! Es streichelt uns, wenn der Wind weht. Schön, sagt die Wiese, das wollte ich hören. Es tut so gut, wenn man gewertschätzt wird. Gewertschätzt?, fragt ein Traktorreifen. Das hört sich lustig an. Ist aber falsch, sagt der Andere. Es muss wertgeschätzt heißen. Es tut gut, wenn man wertgeschätzt wird. Es tut auf jeden Fall gut, sagt die Wiese. Wer sagt mir denn sowas schon? Sagen die Kühe sowas nie?, fragen die Traktorreifen. Nee, sagt die Wiese. Die fressen und scheißen und legen sich auf mich mit ihren doofen Eutern, aber bedankt hat sich noch keine. Findest du Euter doof?, fragen die Reifen. Sag ich doch, ruft die Wiese. Für mich sind Euter die döfsten Dinger der Welt, also ich meine rein ästhetisch.

Blöde Wiese!, ruft der Himmel. Wie kann man nur so subjektiv sein? Und so dämlich! Euter sind solche Wunderwerke! Ich sagte rein ästhetisch, ruft die Wiese. Willst du mich nicht verstehen? Oder willst du mir erzählen, das Euter schön sind? Also, ich finde sie schön, sagt der Himmel. Und an manchen Tagen, wenn ich das Elend auf der Erde sehe, hätte ich auch gerne ganz viele Euter. Die Wiese lacht. Das stelle ich mir gerade vor! Das hätte noch gefehlt: Ein Euterhimmel!

Besser als ein grüner Himmel, ruft der alte Bauer, der unter dem alten Pflaumenbaum sitzt und aus einem alten Melkschemel etwas Interessantes schnitzt und Stimmen hört. Halt die Schnauze du dementes Arschloch, ruft die Wiese. Nun ist aber gut, rufen die Traktorreifen. Hört auf zu streiten. Er hat angefangen, sagt die Wiese. Warum akzeptiert er nicht, dass ich Euter doof finde? Es geht um die Wahrheit, sagt der Himmel. Euter sind nicht doof. Was ist wichtiger?, fragen die Traktorreifen, Wahrheit oder Frieden?

Frieden, sagt der Himmel.

Frieden, sagt die Wiese.

Frieden, sagt der Bauer.

Na also!, sagen die Traktorreifen, als wären sie ein Herz und eine Seele. Und der Himmel ruft: Von hier oben seht ihr aus wie eine Brille von Elton John. Dann summen alle zusammen »Crocodile Rock«, am lautesten der Bauer, und alles ist wieder gut.

Am Pool

Ein Schmetterling, ich glaube, es war ein Tagpfauenauge, war viel zu schnell geflogen und gegen das Auge einer netten Frau geprallt, die sich an einem Swimmingpool sonnte. Pass doch auf, wo du hinfliegst!, rief sie erschrocken und fasste sich ans Auge. Der Schmetterling lag noch etwas benommen am Boden. Der Sommer ist kurz, murmelte er. Ich muss mich beeilen. Ich will mich fortpflanzen. Wer will das nicht, sagte die Frau, aber deshalb darf man noch lange nicht so gefährlich schnell sein. Stell dir vor, ich wäre Cabrio oder Fahrrad gefahren, was da hätte passieren können?

Ja, sagte der Schmetterling, stell ich mir gerade vor. Oder wenn du gerade eine ganz schwierige Operation durchgeführt hättest, das hätte fatal enden können. Aber zum Glück bist du keine Chirurgin. Ach, sagte die Frau, bist du dir sicher? Der Schmetterling nickte. Du bist eine schlampige Luxus-Fotze. Wie bitte?, fragte die Frau, die dachte, sie hätte sich verhört. Der Schmetterling wiederholte seine Einschätzung und flog auf das Knie der Frau. Ich könnte dich totschlagen, sagte sie kühl. Ach, was!, rief der Schmetterling. Du liebst die Schönheit und du hast ein gutes Herz, und du tötest nur, wenn es nicht anders geht. Mücken, oder Bakterien.

Woher willst du das alles wissen?, fragte die Frau. Du hast ja keine Ahnung. Dein Mann verdient sein Geld mit Waffenexporten, sagte der Schmetterling. Nicht in Krisengebiete!, rief die Frau. Das können sie dann werden, rief der Schmetterling. Sie schlug ihn tot.

Warum schlägst du denn einen Schmetterling tot?,

fragte die Schwester der Frau, die gerade eintraf. Er wollte mich beißen, sagte die Frau. Diese Viecher werden von Jahr zu Jahr aggressiver. Ja, mega!, sagte die Schwester. Mir wollte mal einer die Augen aussaugen. Und kennst du diese ekligen Marienkäfer aus Kambodscha? Die kriechen in die Ohren und fressen einem das Gehirn weg. Aus Kambodscha?, rief die Frau, das ist ja furchtbar! Wie kommen die denn her? Na, in Containern, rief die Schwester. Schrecklich, sagte die Frau. Da kommen Käfer aus Kambodscha in Containern und fressen uns das Kehirn weg.

Gehirn, sagte die Schwester. Gehirn mit G! Mit G? Die Frau sah ihre Schwester ungläubig an. Echt wahr? Gehirn mit G? Ich hätte wetten können, es heißt Kehirn. Nein, sagte die Schwester, wenn man irgendwann Computer mit Gehirnen koppelt, könnte man sie Kehirne nennen. Also als Abkürzung für Computer-Gehirn, aber das ist noch Zukunftsmusik. Ich habe jetzt schon ein Kehirn, rief die Frau. Ich finde das klingt viel besser, Kehirn.

Ok, sagte die Schwester. Wollen wir ins Wasser gehen? Sehr gerne, sagte die Frau und wischte die Schmetterlingsreste vom Knie.

Auf der Spiegelscherbe

Eine Schneeflocke war verrückt geworden. Während sie fiel, wollte sie eine Säule umarmen. Es war aber keine in der Nähe. Am Boden verliebte sie sich in eine andere Schneeflocke, die genau so aussah wie sie selbst. Sie war total happy. Ich hätte mich nie in jemanden verlieben können, der anders aussieht!, rief sie ausgelassen. Und die andere Schneeflocke rief gleichzeitig das selbe.

Der Knall im Stall

Mein Kopf wird jeden Tag größer, sagt eine Kuh zur anderen. Bald wird er platzen und mein Gehirn fliegt durch die Gegend, das wird toll! Wie krank bist du denn?, fragt die andere. Du bist ausgewachsen, dein Kopf wird nicht mehr größer. Ich werde dem Bauern erzählen, was für abartige Fantasien du hast. Das weiß der Bauer, sagt die eine. Sie heißt Prinzessin Leia. Und es ist ihm egal. Ihn interessiert die Milchmenge, nicht die Fantasie. Da platzt der Kopf der anderen Kuh. Überall hängt Gehirn. Auch auf Prinzessin Leia. Der Bauer kommt und sieht die tote Kuh. Wo ist ihr Kopf? Geplatzt, sagt die Kuh mit der kranken Fantasie. Is' ja 'n Ding!, ruft der Bauer. Dass dir mit deinen kranken Fantasien mal die Birne platzt, damit habe ich ja gerechnet. Aber die Angela, die war so nüchtern und vernünftig! Siehst du, sagt Prinzessin Leia, die Realität kann noch explosiver sein als die Fantasie. Ja, seh ich, sagt der Bauer und holt sein Handy raus.

Der müde Stein

Ich bin so müde, klagte ein Stein einem anderen, ich würde gerne einmal einschlafen oder wenigstens gähnen. Du bist müde?, staunte der andere Stein. Wovon denn? Vom Rumliegen? Vom Älterwerden? Vom Dasein, sagte der müde Stein. Vom Dasein!, rief der andere. Wie kann man denn vom Dasein müde werden? Es ist doch wirklich toll. Wir haben keine Feinde, Wir brauchen keine Nahrung, wir müssen uns nicht fortpflanzen, kein Stress, nichts. Wie kann man davon müde werden? Die Monotonie, sagte der müde Stein, finde ich langweilig und anstrengend.

Dann bist du kein richtiger Stein!, rief der andere. Das kann nicht sein! Für uns Steine ist Monotonie das geilste überhaupt. Ich lag Tausende von Jahren tief im Boden, das war das Paradies. Seitdem ich hier oben an diesem Flussufer liege, bin ich nicht mehr so super glücklich wie früher, also ich bin immer noch glücklich, aber die Sonne und der Regen und der Frost nerven. Und einmal ist ein Mensch mit seiner ekligen Seele auf mich getreten, das war so widerlich! Ja, diese Menschen sind seltsam, sagte der müde Stein. Sie bewegen sich so viel! Aber was meinst du denn mit Seele? Was ist das? Jeder Mensch hat eine Seele, sagte der andere Stein. Sie ist unsichtbar, zum Glück. Sie wäre bestimmt potthässlich. Seelen sind eklig, weich und bleich und eklig eben, es gibt kein besseres Wort dafür. Sei froh, dass wir keine Seele haben, sonst wärst du bestimmt noch viel müder, denn Seelen sind sehr anstrengend.

Und woher weißt du das alles?, fragte der müde Stein.

Das hat mir letztes Jahr ein Hund erzählt, sagte der andere Stein. Er kannte die Menschen, er lebte mit einem zusammen, aber es ging ihm gar nicht gut dabei. Die Menschen geben den Hunden zu essen und zu trinken und ein Dach über dem Kopf, aber sie beuten sie mit ihren ekligen Seelen total aus. Die Hunde müssen sich streicheln und verwöhnen und dressieren und kastrieren lassen, es ist grausam. Sie werden völlig entmündigt, sie verlieren ihre Würde. Manche müssen Schleifchen und bei schlechtem Wetter Mäntel tragen, und wenn sie müssen, tun die Menschen ihre frische Kacke in Beutel, das wärmt ihre ekligen Seelen.

Oje!, rief der müde Stein, davon hatte ich keine Ahnung. Ich habe die Menschen immer für stark und mächtig gehalten, ich dachte sie wären die Herrscher der Welt! Ohne Hunde wären sie gar nichts, sagte der andere Stein. Ihre ekligen Seelen brauchen einen treuen Sklaven für den Gefühlshaushalt der wässrigen Körper, sonst brechen sie zusammen. Also sei froh, dass du ein Stein bist und genieße das Dasein, es ist großartig.

Ich bin trotzdem müde, sagte der müde Stein. Mir geht es richtig scheiße. Dann bist du scheiße!, rief der andere Stein. Kein Stein ist unglücklich! Du musst versteinerte Scheiße sein.

So war es auch.

Der müde Stein war einmal der Kot eines Trumposaurus gewesen, eines gefährlichen Fleischfressers mit blonder Mähne. Ich bin Scheiße, murmelte der müde Stein. Endlich weiß ich, was ich wirklich bin. Und die Müdigkeit verschwand im Nu mit der alten Identität.

Leben und Tod

Nie ist keine Leistung
Falsch ist kein Zuhaus
Ohne ist kein Wasserfall
Und Schuh ist kein Applaus
Geräusche von Verdauung
Sind keine Weltanschauung
Wasser ist kein Feuer
Ein Dom ist kein Foyer
Und wenn sie nicht gestorben sind
Tut ihnen etwas weh
So ist das also alles
Das Nichts ist nicht neutral
Und dieses Herz in dem Moment:
Es schlägt nur noch einmal

Die arme Nacht

Ein geiler Cowboystiefel war in Katzenscheiße getreten und überall, wo er hinkam, hieß es: Geile Stiefel, aber ekliger Gestank. Sein Träger ging immer weiter und sagte: Ich riech nix. Er war ein Idiot und wollte in die Bar der Erlösung, die schon von weitem gelb und rötlich glitzerte. Am Eingang gab es Kotsensoren, ein schriller Ton erklang und die Türsteher hielten den Idioten an.

Mit dir ist etwas nicht in Ordnung. Hast du Kacke an der Jacke? Ihr seht doch, dass ich keine Kacke an der Jacke habe, schrie der Idiot, außer sich vor Wut. Da schlugen ihn die Türsteher zusammen und warfen ihn in den Park gegenüber. Das Gebüsch stürzte sich auf ihn. Es liebte zusammengeschlagene Idioten mit stinkenden Cowboystiefeln. Als der Mann zu sich gekommen war bat er das Gebüsch: Bitte lass mich gehen, jemand wartet auf mich.

Spar dir deine Lügen, knurrte das Gebüsch, niemand wartet auf dich. Und außerdem sind wir längst verheiratet. So schnell kann niemand heiraten, rief der Idiot. Es war eine Blitzheirat, sagte das Gebüsch. Du bleibst für immer hier. Da riss der Idiot das Gebüsch von seinem Körper und aus dem Boden und schleuderte es so hoch, dass es an den Sternen hängenblieb. Das geht doch gar nicht, dachte der Idiot, das gibt's doch gar nicht! Die Sterne riefen: Findest du Brutalität gut? Der Idiot sagte: Ja, die gibt mir sehr, sehr viel.

Sprang nun ein Sohn der Finsternis vom Mond aus Spaß auf seinen Kopf? Nein, es fing zu regnen an. Und als der Idiot zu Hause ankam, waren die Stiefel sauber.

Die Gründung

Ein Staudamm war ausgerissen, weil er mal einen anderen Staudamm kennenlernen wollte, aber weil sich natürlich die Kunde von dem Unglück rasend schnell verbreitete, konnte er bei keinem anderen Staudamm landen. Niemand wollte mit so einem verantwortungslosen Arschloch-Staudamm zusammen sein. Er irrte durch alle Länder diese Erde und richtete nur Unheil an. Sprengkommandos verfolgten ihn, bis er sich umdrehte und drohte: Lasst mich in Frieden, sonst mache ich euch und auch das schöne Neuseeland kaputt! Oder Luxemburg! Oder Papua-Neuguinea! Oder Papenburg! Mir reichts! Ich stell mich drüben auf den Strand, und mit ein bisschen Glück versinke ich in ein paar Jahren. Die Sprengkommandos zogen ab, und weil es ein völlig uninteressanter ölverseuchter Strand war, ließ man den Staudamm gewähren. Mit der Zeit kamen natürlich immer mehr Staudammfans und es entstand eine kleine Stadt, in der Karten gespielt und Kinder gezeugt wurden. Uns Menschen lockt fast alles an, was unseren Genen gut tut.

Die Pampelmuse

Eine Pampelmuse wollte sich ein Tattoo stechen lassen. Was solls denn sein, fragte der Tätowierer, schon eine Idee? Eine Apfelsine, sagte die Pampelmuse, eine richtig schöne, orangene Apfelsine. Geile Idee, sagte der Tätowierer und machte sich an die Arbeit. Perfekt, jubelte die Pampelmuse, als er fertig war. Auch die anderen Pampelmusen fanden die Tätowierung toll. Eine sagte: Wenn jetzt ein Künstler vorbeikäme, würde er dich garantiert fragen, ob du seine Muse werden willst! Da kam auch schon ein Künstler auf dem Weg ins Atelier vorbei. Sein Blick fiel auf die Frucht mit dem Tattoo und er war sofort hin und weg. Willst du meine Muse werden? Aber ich habe keine Vagina, sagte die Pampelmuse, du kannst mich wirklich nur malen. Ich bin Bildhauer, sagte der Künstler, weil ich möchte, dass meine Kunstwerke die Zeiten überdauern. Aber ich möchte dich nicht in Stein verewigen. Du sollst nur da sein und mich inspirieren. Nein, danke, sagte die Pampelmuse, für einen Künstler der seinen Beruf nur ergriffen hat, um der Zeit zu trotzen, bin ich mir zu schade. Dann eben nicht, sagte der Künstler beleidigt und setzte seinen Weg fort. Die anderen Pampelmusen waren schwer beeindruckt. So selbstbewusst wäre ich auch mal gerne!, meinte eine und eine andere weinte vor Begeisterung. Abends kam eine kranke Frau vorbei und bat die Pampelmusen mitzukommen: Ich brauche Vitamine. Was hast du?, fragte die Pampelmuse mit dem Tattoo. Mein Herz ist gebrochen, sagte die Frau, seid froh, dass ihr keine Männer habt. Sind wir!, riefen die Früchte und gingen mit der Frau.

Ein schönes Paar

Zwei Forellen lagen bei Aldi in ihrer Verpackung. Was geht ab?, fragte die eine. Was soll schon abgehen?, maulte die andere. Also ich fühle mich ausgesprochen erleichtert, sagte die erste. Ich weiß nicht woran das liegt, aber ich bin total ruhig und entspannt, das muss am Yoga liegen. Geht's noch?, rief die zweite. Sie haben uns ausgenommen, wir sind tot, verstehst du? Tot! Total tot. Und deshalb bist du so ruhig und entspannt. Das hat mit Yoga nichts zu tun. Und jetzt?, fragte die eine. Wie geht's weiter? Jemand wird uns mitnehmen und aufessen, sagte die andere. Das ist der Plan. Der Plan?, fragte die eine. Fressen und gefressen werden, sagte die andere Forelle. Wir haben in unserem Leben andere Fische gegessen und jetzt essen die Menschen uns. Wir fressen Fische, sagte die eine Forelle. Warum fressen Menschen keine Menschen und lassen uns in Ruhe? Die Menschen lassen nichts in Ruhe, sagte die andere. Wie heißt du eigentlich? Traudl, sagte die erste Forelle. Und du? Auch Traudl, sagte die zweite Forelle. So ein Zufall! Und was würdest du dir wünschen, wenn du jetzt Geburtstag hättest? Bluetooth-Kopfhörer!, rief die erste. Ich mir auch!, rief die zweite. Wir sind wie Schwestern! Lass uns zusammenbleiben. Ja, ok, sagte die erste. Wir sind ein schönes Paar.

Enttäuschung

Weil ich als Kind Butter nicht korrekt aussprechen konnte und Putter sagte, als wäre Butter aus Putten und nicht aus Milch gemacht, fanden meine älteren Geschwister mich lustig und sagten: Du wirst bestimmt mal Entertainer. Dann war ich stolz wie Oskar, weil ich dachte: Entertainer sei ein anderes Wort für Pirat. Von wegen entern, klar. Als ich später die wahre Bedeutung erfuhr, war ich zutiefst empört. Ich war ein Kämpfer, kein Kriecher vor irgendeinem Publikum, dessen Gunst durch Witzigkeit zu kaufen war. Ich hätte am liebsten nie mehr mit meinen älteren Geschwistern gesprochen, weil sie mich offenbar nicht kannten. Aber Verwandte kann man nicht immer gerecht behandeln.

Für die Archäologie

Ein Klo war abgehauen. Es wollte mit der ganzen Schei
ße nichts mehr zu tun haben. Hier kannst du nicht bleiben, sagte der Imbissbudenbetreiber Murat, ich kann dich
nicht gebrauchen. Geh zurück, entschuldige dich und
sage: Es wird nie mehr vorkommen. Dann werden sie dir
bestimmt verzeihen. Nein, rief das Klo, ich kann die ganzen Ärsche nicht mehr sehen. Geh bitte, sagte Murat,
meine Gäste wollen dich nicht hören, sie wollen essen.
Da trollte sich das Klo. Es stieg in einen Bus. Raus!, rief
der Busfahrer. Ich bin kein Klobus. Er sprang auf und trat
das Klo aus dem Bus zurück auf den Bürgersteig. Dabei
zerbrach die Brille. Egal, dachte das Klo, wozu brauche
ich noch eine Brille?

Es rannte aus der Stadt hinaus, über Wiesen und Felder,
durch Gewerbegebiete und Wälder, bis es eines Tages
vor einem Hexenhaus stand. Es klopfte an und sagte zu
der alten Frau: Hallo Bitch, ich bin müde vom Wandern.
Wie sprichst du denn mit mir, sagte die Alte, ich bin eine
Hexe, keine Bitch! Ok, sagte das Klo, hallo Hexe, ich bin
total kaputt. Darf ich reinkommen?

Deine Brille fehlt, sagte die Hexe, aber sonst siehst du
doch noch ganz gut aus. Komm rein und ruh dich aus.
Das Klo setzte sich an den klobigen Holztisch und atmete
tief durch. Wohnst du alleine hier? Ja, ich bin Single,
sagte die Hexe, schon lange. Und was machst du so?,
fragte das Klo. Sudokus, sagte die Hexe. Du löst die ganze Zeit Sudokus? Nein, rief die Hexe, wie langweilig! Ich
erfinde sie. Ich denke mir die schwierigsten Sudokus der
Welt aus. Ich dachte das machen Computer, sagte das

Klo. Die Hexe lächelte. Du bist ein kluges Klo. Ich mache es zum Spaß, nur für mich, verstehst du? Ich liebe diese Art zu denken. Hast du das immer schon gemacht? Nein, sagte die Hexe. Ich war einmal Projektentwicklerin, doch das ist lange her. Willst du was trinken? Hast du Wacholderschnaps? Die Hexe holte eine Flasche und goss sie in das Klo. Es war sofort betrunken. Du verträgst nicht viel, sagte die Hexe. Leg dich hin, morgen ist auch noch ein Tag. Von mir aus, lallte das Klo und schlief sofort ein.

Als es am nächsten Tag gegen Mittag aufwachte, stand es auf dem Dach des Hexenhäuschens. Hey, rief es, hol mich hier runter, mir ist schwindelig. Die Hexe kam aus dem Haus und sagte: Brüll hier nicht so rum, du bist im Wald. Du störst die himmlische Ruhe.

Was soll das?, fragte das Klo. Warum stehe ich auf dem Dach? Du sollst Störche anlocken, sagte die Hexe, ich will nicht mehr so einsam sein. Hör auf, mich zu verarschen, rief das Klo, hier gibt es keine Störche, es ist viel zu trocken. Du bist Schlafwandler, sagte die Hexe. Ich bin von deinem Gepolter aufgewacht. Aber wie du aufs Dach gehüpft bist, alle Achtung! Kannst du auch Kung Fu? Leider nicht, sagte das Klo und sprang vom Dach herunter. Habe ich im Schlaf geredet? Nein, sagte die Hexe. Du hast ein Karnevalslied gesungen, irgendwas mit Sultan, die Karawane zieht weiter, oder so. Bist du Moslem? Nein, rief das Klo, Gott behüte. Ich kann das Wort Islam nicht mehr hören. Bist du Christ? Um Himmels Willen! Ich bin ein Klo, ich muss nichts glauben, mir genügt, was ich weiß. Soll ich bei dir bleiben? Nein, sagte die Hexe. Ich möchte nicht in einer eheähnlichen Beziehung leben. Hoho, rief das Klo, du bist ja echt sensibel. Ich will nur bei dir sein, nicht heiraten. Und wenn du immer bei mir bist, fragte die Hexe, was sind wir dann? Ein Paar, sagte das Klo. Siehst du, sagte die Hexe, und ein Paar will ich nicht sein. Gut, sagte das Klo, wahrscheinlich hättest du mich sowieso irgendwann zum Blumenkübel gemacht und in meine Schüssel Vergissmeinnicht gepflanzt. Für wie geschmacklos hältst du mich?, rief die Hexe. Besser du gehst jetzt.

Machs gut, rief das Klo und kam nach zwei Wochen zu einem Bauern, der Märzschnee in einem Flachmann sammelte. Was tust du?, fragte das Klo. Ich möchte ein Fläschchen Märzwasser für meine Enkelin abfüllen, sie kränkelt. Das Wasser wird sie stärken, denn der März ist ein mächtiger Monat. Das Klo blieb bei dem Bauern. Er konnte es zwar nicht gebrauchen, aber er fand es schön und im Sommer vergrub er es in der Wiese hinterm Schafstall für spätere Generationen.

Gott als Vorbild

Eins steht fest: Ohne Gott
Gäbe es uns nicht, es gäbe
Keine Gläubigen und Anders-
gläubigen, auch keine Heiden
Oder Atheisten. Gott hat uns alle
Erschaffen, weil er alle Menschen
Liebt, sogar die Mörder. Das macht
Ihn so unfassbar und unterscheidet
Ihn von anderen Kreativen: Die stellen
Etwas her und dann entscheiden sie,
Ob es gut ist oder schlecht. Gott findet
Alles gut, auch eklige Tiere, Viren und
Bakterien. Es muss toll sein, ein Niveau
Erreicht zu haben, auf dem man alle
Seine Werke lieben kann. Als Künstler
Ist Gott mein großes Vorbild, das ewig
Unerreichbar bleibt, weil Gott wirklich
Frei ist. Denn er muss nichts verkaufen

Kante zeigen

Einige Engel mussten vor Gott erscheinen, weil sie beim Rumtoben mit ihren feinen Stimmchen zu einer zuckersüßen Melodie »Gott ist ein kleiner Vollidiot« gesungen hatten. Es tut uns leid, sagten sie sofort, wir wissen auch nicht, was für ein Teufel uns da geritten hat. Sie sprachen mit einer Stimme. Aber so ein Satz, sagt Gott, der kommt doch nicht einfach so von außerhalb in eure kleinen Münder reingeflogen. Der musste doch schon in euch sein. Wie ist das möglich?

Die Engel schütteln die Köpfe. Das war nicht in uns drin, ehrlich. Wie könnten wir auf sowas kommen? Wir finden dich großartig, ehrlich. Ihr sagt mir zu oft ehrlich, meint Gott. Ich glaube, ihr lügt. Ganz ehrlich, sagen die Engel, das kam uns plötzlich in den Sinn, wir wissen auch nicht warum! Vielleicht war es der Übermut? Wenn wir extrem gute Laune haben, sagen wir auch schon mal das genaue Gegenteil von dem, was wir meinen. Und das Gegenteil von großer, lieber Gott ist kleiner Vollidiot. Und warum hattet ihr extrem gute Laune?, fragt Gott. Neigt ihr zu Extremismus? Es klingt scherzhaft und deshalb wähnen die Engel Gott schon besänftigt. Sie lachen und rufen: Wir nennen dich oft irgendwie. Aus purer Freude, wenn wir berauscht vom Dasein sind. Und ehrlich gesagt, es sind oft noch dümmere Bezeichnungen dabei. Je ausgelassener wir sind, desto krasser die Ausdrücke.

Zum Beispiel?, fragt Gott. Kackeimer, sagen die Engel, Fotzenkopf, Klötendödelsackgesicht und Pissnelke. Pissnelke?, fragt Gott. Habe ich schon lange nicht mehr gehört. Wo habt ihr das denn her? Aus einem alten Film, sagen die Engel. Gott haucht die Engel an und sie lösen sich in Himmelsmoleküle auf. Es gibt noch viele andere Engel. Und Gott hasst eklige Wörter.

Lichtmess

Eine Regenmotte saß traurig im dichten Nebel und wurde von üblen Wünschen gepeinigt. Sie wollte Nüstern haben wie ein Pferd. Sie wollte toben wie Menschenkinder auf dem Rasen an lauen Sommerabenden. Sie wollte durch den Ozean gleiten wie ein ungefährlicher Hai oder Delfin. Sie wurde immer trauriger. Und nachdem sie sich sogar eine Frisur wie Donald Trump wünschte, trat ein Holzmännchen an sie heran und flüsterte: Ich kann Gedanken lesen und ich finde, du solltest damit aufhören, solche bescheuerten Wünsche zu haben. Du bist eine gesunde, attraktive Regenmotte. Was hält dich davon ab glücklich zu sein?

Der Nebel, sagte die Motte. Ich kann die Welt nicht sehen. Aber ist es nicht manchmal ganz schön, die Welt nicht zu sehen?, fragte das Holzmännchen. Ich finde das entspannend. Wie?, wunderte sich die Motte. Du starrst in diese trübe Suppe und findest das schön? Das Holzmännchen nickte.

Der Nebel ist keine trübe Suppe. Ich sehe ein weiches, warmes Grau. Ach, du mit deinen Holzaugen, rief die Motte. Ihr Holzmännchen könnt einem ganz schön auf die Nerven gehen. Nerven?, rief das Holzmännchen. Gut, dass du die erwähnst! Kannst du die Nebelnerven spüren? Sie zucken so sanft, das man meint, sich an eine nette unbedeutende Begebenheit im Mutterleib zu erinnern.

Ja klar, log die Motte aus irgendeinem Grund, ich bin kein grober Klotz. Ich bin empfindsam und mitfühlend. Und ästhetisch verwirrt, sagte das Holzmännchen. Wenn man sich eine Frisur wie Donald Trump wünscht, ist man durcheinander und braucht Hilfe. Ich finde sie verwegen, sagte die Motte. Wer sein Haar so trägt, hat grenzenlose Möglichkeiten. Mich macht das optimistisch.

Ach, Menschen, sagte das Holzmännchen. Lass uns nicht weiter über Menschen reden, da liegt kein Segen drauf. Kein mächtiger Mensch tut der Erde gut, nicht mal den Menschen. Zu viel Macht führt nur zu Katastrophen, das weiß jeder. Auch ihr Motten müsstet das wissen. Denk mal an die Macht des Lichts. Unsinn, rief die Motte. Macht ist geil! Wie kann man sonst was schaffen? Wie kann man sonst das Leben gestalten? Du verwechselst Macht mit Kraft, sagte das Holzmännchen. Hör auf!, schrie die Motte. Du bist so besserwisserisch. Das Holzmännchen wunderte sich. Ich meine es nur gut mit dir. Und die Wahrheit muss gesagt werden, so viel steht fest. Die Wahrheit ist wichtig, sagte die Motte feierlich und kleinlaut zugleich. Aber die Liebe ist wichtiger. Wer die Wahrheit kennt, will sterben. Wer die Liebe kennt, will leben.

Nicht übertreiben, sagte das Holzmännchen, auch die Liebe hat schon viel Elend verursacht. Ich halte nichts von diesen Vergötterungen. Und auch die Lebendigkeit wird überschätzt, diese ganze Vitalitätsduselei finde ich widerlich. Die größten Schufte sind total vital. Was soll man da bewundern? Hoho, rief jemand, das geht ja ganz schön hin und her. Wie langweilig! Ich finde Harmonie viel spannender. Komm näher, riefen die beiden. Wir können dich nicht sehen?

So besser? Ein kleiner Teufel stand vor ihnen, nicht größer als ein Ferkel, in der Linken eine Rotweinflasche, fast so groß wie er. Wie wärs? Wollen wir ein Schlückchen trinken? Er hielt die Flasche hoch. Ich trinke keinen Wein, der Fotzenglut heißt, sagte das Holzmännchen. Da spuckte der Teufel Feuer und das Holzmännchen floh in eine Felsentapete. Das klingt jetzt komplizierter als es ist. Und du?, fragte das Teufelchen die Motte. Bist du auch so eine Lusche wie dieses Holzmännchen. Die Motte zuckte mit den Achseln. Ich will nichts Falsches sagen. Der Teufel hauchte sie an. Sein heißer Atem versengte ihre Haarpracht. Oh nein, schrie die Motte, warum hast du das getan? Wie soll ich jetzt einen Mann finden? Gründe interessieren mich nicht, sagte der Teufel. Die Glatze steht dir gut. Kannst du tanzen? Nur Walzer und Jazz-Tanz, sagte die Motte.

Dann Walzer!, rief der Teufel und trank die Flasche leer und wieder voll. Er formte aus dem Nebel einen André Rieu samt Orchester und der Teufel und die Motte drehten sich und drehten sich und wer sie sehen konnte, bekam Lust auf Utopien und selbstgedrehte Lavendelzigaretten.

Lavendelzigaretten?, fragte mich mal ein Freund. Wird man denn davon high?

Ich sagte: Nein. Aber man muss high sein, um so etwas zu rauchen.

Essig

Der Satz WAS ESS ICH HEUTE?
Hat mit Essig nichts zu tun,
obwohl Essig ohne Essen nicht so wichtig wäre
Jeder auch noch so überflüssige Gedanke
Kann den Keim eines guten oder interessanten in
sich tragen
Bei dem war es leider nicht der Fall
Ich saß nur da und starrte hinaus
In den dunklen Dezember
Aber was ist mit Ihnen?
Wird Ihr Gehirn zum fruchtbaren Boden?
Ich traue Ihnen so viel zu!

Schnell erzählt

Ich hatte einen Traum von Größenwahnsinn letzte Nacht. Ich stand mitten in Europa und streute Körner für die Europäer, die alle, alle Hühner waren und ein Hahn. Der hieß natürlich Franz oder Franck. Sie pickten wie die Wilden und ich ließ mich nicht lumpen. Ich streute einen ganzen Zentner. Und zum Schluss nahm ich den leeren Sack und fegte damit die Hühner runter von der Erde. Einfach so ins Weltall hinein. Der Hahn sah mich verzweifelt an und fragte: Bist du Gott? Ich bin nur mächtig, sagte ich bescheiden, Gott ist gut. Danke, krähte der Hahn, dass du mich verschont hast. Ich zeigte auf den Grill, er konnte damit nichts anfangen. Und deshalb wurden wir, bevor die Kohle glühte, echte Freunde.

Sein letzter Fall

Eine Ente kommt aus dem Wasser. Es ist Sonderermittler Doug Waters. Er soll den Mord am Fischreiher Robin Fishkiller aufklären. Sein Gang ist mühsam. Warum musst du unbedingt eine Waffe tragen?, fragt seine Frau. Du bist ein schlechter Schütze und du wärst nicht der erste Polizist, der seine Pistole abgenommen kriegt und dann damit erschossen wird. Und dann dieses pinke Holster! Also auffälliger geht's nicht. Ach, Emma, sagt Doug, du hast ja keine Ahnung von Kriminalistik. Kümmere du dich um die Kinder und lass mich meinen Job machen.

Hast du denn schon eine heiße Spur?, fragt Emma. Noch nicht, sagt Doug. Keiner hat etwas gehört oder gesehen. Bestimmt war es dieser gestörte Junge, sagt Emma, der uns vor zwei Jahren immer mit Steinen beworfen hat. Bestimmt hat er von seinen Eltern oder Großeltern ein Luftgewehr bekommen. Und damit hat er Robin getötet. Es war doch eine Luftgewehrkugel, oder?

Nein, sagt Doug, es waren zwei Luftgewehrkugeln, beide ins Herz. Also ich würde an deiner Stelle mal da klingeln und ein paar Fragen stellen, sagt Emma. Aber ich weiß nicht, ob sie einer bewaffneten Ente überhaupt aufmachen.

Lass das mal meine Sorge sein, sagt Doug. Und danke für den Tipp.

Er geht los und kommt nicht an die Klingel. Er quakt wie wild drauf los. Eine Frau öffnet die Tür. Doug stellt sich vor. Ja, sagt die Frau, wir haben einen Sohn. Er ist elf. Er hat von seinem Großvater ein Luftgewehr geschenkt bekommen, damit er sich nicht immer nur mit diesen düsteren Ballerspielen beschäftigt. Kann sein, dass er den Reiher abgeknallt hat. Wissen Sie, wir sind große Fischfreunde, wir haben Zierfische und Koikarpfen und können diese Fischfresser naturgemäß nicht leiden. Ich kann den Jungen gut verstehen.

Es war Vogelmord, sagt Doug. Ich muss ihren Sohn festnehmen. Die Frau lacht. Wegen eines verfressenen Reihers?! Sie machen mich traurig. Er ist ein guter Junge. Ich muss ihn mitnehmen, ruft Doug, ist er da?

Hector!, ruft die Mutter. Komm mal bitte runter. Schon ist der Junge da. Ja, Mutti? Sieh mal, sagt sie, da ist eine bewaffnete Ente, sie möchte dich festnehmen. Der Junge freut sich. Er packt den Sonderermittler am Hals und zieht die Waffe aus dem Holster. Knall sie ab, ruft die Mutter. Knall die blöde Ente ab, sie ist so arrogant.

Haben Sie Familie?, fragt der Junge den Sonderermittler. Ja, sagt Doug. Eine Frau und zwei Söhne und zwei Töchter. Und warum kümmern Sie sich nicht um ihre Kinder? Ich stelle hier die Fragen, sagt Doug. Wo waren sie am Donnerstagabend, so gegen 21 Uhr. Hier im Haus, sagt der Junge. Und vom Dachfenster aus habe ich den Reiher abgeschossen. Er saß hoch oben in der Trauerweide und segelte noch sehr schön hinunter ans Ufer. Wie kommen Sie dazu?, fragt Doug. Anstatt ein so wundervolles Geschöpf zu bewundern, vernichten Sie es. Wir sind Fischfreunde, sagt der Junge. Auch Fische sind faszinierende Geschöpfe. Und der Reiher frisst sie auf. Das Sie als Vogel auf der Seite des Reihers stehen, ist ja klar. Aber ich bin ein Mensch. Ich kann mir aussuchen, wen ich besser finde. Und jetzt gehen Sie bitte. Er zielt auf die Ente. Doug haut ab. Die Menschen lachen. Sachen gibt's!, ruft die Mutter.

Dougs Frau ist froh, als sie ihn kommen sieht. Na, was hast du herausgefunden?

Der Junge wars, sagt Doug. Seine Mutter findet es in Ordnung. Er hat mich entwaffnet, aber laufen lassen. Glück gehabt, sagt Emma. Und jetzt leg bitte dieses Holster ab, die Rallen kichern nur noch. Doug schnallt das Holster ab und bringt es zum Mülleimer. Er schwimmt mit Emma und den Kindern ans andere Ufer zum leckeren Karpfensalat. Die Rotfeder Red Feathers taucht auf und fragt: Na, wer wars? Der Junge von da drüben, sagt Doug. Netter Kerl, sagt Red und ist schon wieder weg.

Wissen vor Acht

Mama, was ist ein gütiger Mensch?, fragt Kai-Kevin seine Oma. Wenn jemand gut ist, sagt die Oma. Dann ist Ronaldo ein gütiger Mensch, sagt ihr Enkel. Nein, nein!, ruft die Oma. Er ist ein reicher Sack, der Steuern hinterzieht, er ist nicht gütig, aber er spielt gut Fußball. Also – sie überlegt. Also, ein gütiger Mensch ist jemand, der gut *ist*, verstehst du? Ob er etwas gut *kann*, spielt keine Rolle, er muss gut *sein*. Aber Ronaldo ist gut, sagt Kai-Kevin. Das weiß ich ganz genau. Ja, sicher, sagt die Oma. Er ist gut, aber nicht gütig. Also, vielleicht ist er auch gütig, das wissen wir nicht. Dafür müssten wir ihn kennenlernen. Aber wer dem Staat nicht gibt, was ihm zusteht, der ist nicht gütig, sondern geldgeil. Der ist superreich und will immer noch mehr. Ich glaube Fußballprofis können gar nicht gütig sein. Auf dem Platz schon mal gar nicht, weißt du, wegen der Konkurrenz. Die müssen kämpfen und treten. Gütige Menschen sind total nett. Die geben anderen ihr letztes Hemd, das tun die gerne. Und dann tragen sie ein T-Shirt, sagt der Enkel. Die Oma lacht. Du meine Güte, ja. Dann tragen sie ein T-Shirt! Weißt du, wer gütig ist? Die Kanzlerin. Sie hat die Flüchtlinge in unser schönes Land gelassen. Und jetzt breiten die sich aus. Das haben wir von dieser Güte. Sind die Flüchtlinge nicht gütig?, fragt Kai-Kevin. Natürlich nicht!, ruft die Oma. Die haben nichts. Wer nichts hat, kann nicht gütig sein, das können die sich gar nicht leisten. Und was heißt allgemeingütig?, fragt der Enkel. Wenn alle gut sind, sagt die Oma. Dann spricht man von Allgemeingütigkeit. Das gibt es aber nicht, das wäre ja noch schöner, wenn alle sagten: Lass gut sein! Lass stecken! Stimmt so! Nimm dir, was du brauchst! Sie hält inne. Na, jedenfalls, das gibt es nicht. Was du für Wörter kennst! Der Enkel lächelt. Er ist stolz. Und seine Augen glänzen.

Happy End

Jesus sprach beim Abendmahl:
Ich glaub es nicht, ihr könnt mich mal
Warum sich alles verderben
Und für eure Sünden sterben?
Er stand auf und war verschwunden
Auch die Geschichte ist erfunden

Am Ufer

Du bist gerne lustig, sagt Pamela zu ihrer neuen Bekannten Kira. Mich strengt das an. Der Mensch ist nicht zum Glücklichsein gemacht. Ach was, sagt Kira. Bloß weil irgendwelche Schlaumeier etwas behaupten, muss das nicht die Wahrheit sein. Komm, wir setzen uns da vorne auf die Mauer, ich schaue gerne auf das Wasser.

Sie setzen sich und lassen ihre Beine baumeln. Zum Beispiel meine Beine, sagt Pamela. Früher waren sie schlank und schön, wie kann ich denn mit solchen dicken Beinen glücklich sein? Kira sieht sie lächelnd an. Also, hör mal, es gibt so viele Menschen mit superdünnen Beinen, die superunglücklich sind. Als ob das ein Kriterium wäre. Mir gefällt mein Körper auch nicht wirklich und ehrlich gesagt, wäre ich auch gern intelligenter. Ich komme mir manchmal so dumm vor, wenn es um komplizierte Sachen geht.

Du bist eben einfach gestrickt, sagt Pamela, deshalb bist du vielleicht auch glücklicher. Guck mal, das Boot heißt »Kunigunde«, so ein doofer Name. Ja, voll doof, sagt Pamela. Stell dir vor, du kriegst eine Tochter und dein Mann will sie partout Kunigunde nennen. Nein, sagt Kira, mit so einem Mann wäre ich nie zusammen. Das merkt man doch vorher, ob das jemand ist, der so einen Namen wie Kunigunde gut findet. Ich weiß nicht, sagt Pamela, ich habe mich mal mit einem total gut verstanden und dann zeigt er mir nach sechs Wochen seine Briefmarkensammlung. Ich habe ihn sofort verlassen. Nee, wirklich?, fragt Kira. Wegen Briefmarken? Naja, nicht nur, sagt Pamela. Er hatte auch kein Geld. Und die

Briefmarken waren nichts wert. Also, jedenfalls nicht viel. Er fand die Briefmarken an sich toll, die Bildchen, das Handwerk. Stell dir das mal vor! Sowas wie Briefmarken hat der geliebt.

Na und?, sagt Kira. Kann man sich aussuchen, was man liebt, oder wen? Aber wenn man nicht versteht, wie der andere fühlt, ist es auch keine Liebe. Also was solls.

Sie holt eine Orange aus ihrer Handtasche und schält sie an einem Stück. Sie hält die Schale hoch. Versuche ich immer, ich mag Spiralen. Pamela nickt. Spiralen finde ich auch ok. Ein Spatz kommt angehüpft. Fressen die auch Orangen? Ich weiß nicht, sagt Pamela. Kira wirft ihm ein Stückchen hin. Der Spatz pickt es auf und fliegt weg. Die brauchen sicher auch Vitamine, sagt Kira. Willst du auch?

Ich hasse Vitamine!, ruft Pamela. Kira sieht sie entgeistert an. War Spaß, sagt Pamela und nimmt die eine Hälfte aus Kiras Hand. Ich sage manchmal einfach so aus Spaß das Gegenteil von dem, was wirklich ist. Ich denke immer: Das weiß doch jeder, dass das Spaß ist, wie kann man Vitamine hassen? Weiß man's, sagt Kira, es gibt die verrücktesten Sachen. Man muss mit allem rechnen. Nein, nein, sagt Pamela, nicht mit allem. Das ist diese verdammte Verunsicherung. Die meisten sind so schrecklich verunsichert, das ist nicht lustig. Ach, sagt Pamela, das findest du nicht lustig? Ich finde eine gewisse Unsicherheit gar nicht so schlecht. Sehr sichere Menschen finde ich eher unsympathisch, du nicht? Und ist Zweifel nicht auch ein Zeichen von Intelligenz? Wir reden ganz schön viel. Pamela lächelt. Ich war schon immer eine Quatschbirne, sagt Kira. Na, wenn du glücklich damit bist, sagt Pamela. Bin ich, sagt Kira, mir fällt Schweigen eher schwer, das können andere besser. Ich bin mit unserem Gespräch jedenfalls sehr zufrieden, sagt

Pamela. Ich bin mit meinem ganzen Leben zufrieden, sagt Kira. Das lass ich mir nicht nehmen.

Wer will dir das denn nehmen?, fragt Pamela. Die anderen, sagt Kira. Die vermitteln mir so oft, dass niemand glücklich sein kann, einfach so, durch ihre Ausstrahlung und wie sie gucken. Guck ich auch so?, fragt Pamela. Sie sehen sich in die Augen. Du hast traurige Augen, sagt Kira. Das ist wahr, sagt Pamela. Da steckt das ganze Leben drin. In meinen auch, sagt Kira.

Aus der Seele

Komm, wir setzen uns auf die betonierten Sandsäcke am Rudi-Dutschke-Weg und tun wie diskutierende Studenten, ruft Rudi übermütig. Das heißt Studierende, sagt Helga. Und warum willst du dich ausgerechnet hier zum Horst machen, wo so viele junge Leute vorbeilaufen? Setz dich doch in deinen Garten und tu von mir aus wie Rudi Dutschke. Das kriegen nur die Nachbarn mit, die wissen wie du bist. Lass ihn doch, sagt Armin. Wenn Rudi am Rudi-Dutschke-Weg Blödsinn machen will, dann lass ihn doch. Finde ich auch, ruft Jutta. Wir könnten alle ein bisschen Blödsinn machen, das würde uns gut tun. Nein, sagt Helga. So ein Blödsinn tut keinem gut. Wir gehen jetzt in eine Kneipe und trinken, bis wir singen. Von wegen, ruft Jutta. Deine Neil Young-Orgien habe ich mir oft genug reingezogen, nein danke! Neil Young-Orgien!, wiederholt Helga. Das klingt ja wie etwas Abartiges. Nur weil ich Neil Young liebe, musst du mich nicht verachten.

Lieben ist ok, sagt Jutta, aber dass du betrunken wie Neil Young singst, das muss ich mir nicht geben. So singt er eben!, ruft Helga. Ich kann dieses hohe Gejaule auch nicht leiden, sagt Rudi. Muss man ja auch nicht mögen, meint Armin. Aber ich finde, Helga imitiert ihn schon ziemlich perfekt, das muss man ihr lassen. Und ganz ohne Begleitung, das hat schon was. Das hat was Krankes, ruft Jutta. Helga weint. Und wieso jetzt, Jutta? Wir kennen uns schon so lange! Und wie viele schöne Nächte haben wir zusammen durchgemacht? Du hast auch oft mitgesungen, oder? Ja, klar, gibt Jutta zu. Die Songs sind ja auch gut. Und wenn man volltrunken ist, singt man halt mit, schon allein aus Solidarität. Hast du nie mitbekommen, wie die anderen Leute geguckt haben? Die fanden das so peinlich. Aber die haben oft geklatscht, sagt Helga. Damit du aufhörst, ruft Jutta, die wollten, dass du endlich aufhörst. Aber manchmal haben sie sogar Zugabe gerufen, schluchzt Helga, stimmt doch oder? Sie sieht Armin und Rudi an. Die beiden nicken.

Manche finden es eben geil, wenn andere sich blamieren, meint Jutta, das war Schadenfreude und sonst gar nichts. Hast du im Ernst geglaubt, es gäbe Menschen, die es toll finden, dass eine ältere Frau Neil Young imitiert? Die meisten kannten ihn gar nicht, sagt Helga leise. Die waren viel zu jung. Ach, hört doch auf damit, ruft Armin, wir müssen uns nicht betrinken. Wir setzen uns einfach da hinten auf die Bank im Park und genießen den schönen Sommerabend. Los, kommt! Die vier Freunde gehen zum Park und kommen auf dem Weg zur Bank an einer alten Rubinie vorbei.

Moment, ruft Armin, hört euch den Sound mal an! Er klopft mit der Spitze eines Mittelfingers gegen ein dickes Rindenprofil. Geil, flüstert Helga, klingt fast wie Xylophon. Mach nochmal! Armin trommelt nun mit zwei Fingern und dann auch noch mit zwei Fingern der anderen Hand total geschickt drauf los. Die anderen staunen. Helga tanzt sogar dazu. Wo hast du das gelernt?, fragt sie. Habe ich mir selber beigebracht, ruft Armin. Was heißt das?, fragt Rudi. Stehst du oft in Parks an Bäumen und trommelst an den Rinden rum? Wenn sie solche tollen Rinden haben, ja, sagt Armin und trommelt dabei weiter.

Helga tanzt immer wilder. Immer muss sie sich produzieren, sagt Jutta zu Rudi, ist das nicht ekelhaft? Ach, nee, sagt Rudi, sie ist halt schön vital. Nun sei nicht neidisch. Ich finde, sie bewegt sich gut, kann auch nicht jeder. Er tanzt ein bisschen mit.

Mittlerweile haben sich etliche Zuschauer eingefunden und Helga tanzt immer wilder zu Armins interessanten Rhythmen, sie tanzt sich innerhalb weniger Minuten in Ekstase. Auch als Armin aufhört, tanzt sie weiter. Und Rudi und Armin stimmen zusammen den alten Neil Young Hit »You are like a hurrican« an. Kurz vor dem Ende fällt auch Jutta ein, es klingt richtig gut. Als das Lied zu Ende ist, hört Helga auf. Sie ist erschöpft und glücklich. Alle klatschen, auch Helga selbst. Sie gehen zur Bank hinüber und lauschen einer Amsel. Auch schön, sagt Rudi. Und die anderen nicken, als hätte er ihnen aus der Seele gesprochen.

Bevor John kam

Ich finde Grundstücke widerlich, sagt Erika. Das Wort allein macht mich schon aggressiv: Grundstück. Du bist überreizt, sagt Holger, du solltest mal Urlaub machen, oder eine Kur, deine Nerven sind im Eimer. Mach du doch eine Kur, schreit Erika. Du hast sie nötiger als ich. Streitet euch nicht, sagt Raffaela, das macht mich immer so traurig. Dann fang ich gleich zu weinen an. Aber wenn ich Grundstücke widerlich finde, ist es so, sagt Erika. Da hat mir keiner reinzureden. Und dann erwarte ich auch Mitgefühl. Es ist nicht leicht, Grundstücke zu ertragen, wenn sie einen anwidern. Ja, sagt Raffaela. Das muss schlimm sein. Ich finde, es gibt auch sehr schöne Grundstücke, aber… Nein!, unterbricht sie Erika. Grundstücke sind widerlich! Wie lange wollt ihr mich noch quälen?

Raffaela und Holger nehmen beide eine Hand von Erika und sehen sie bewundernd an. Was ist?, fragt Erika. Habt ihr noch nie schöne Hände gesehen? Doch, doch, sagt Holger, aber deine sind wirklich besonders schön und extrem anmutig. Wenn ich so schöne Hände hätte, würde ich in eine Quizshow gehen und damit angeben. Oder ich würde mich einfach so in eine Shoppingmall stellen und mit den Händen schöne Bewegungen machen, um die gestressten Menschen zu erfreuen. Die beiden Frauen lachen. Das würde ich gern sehen, ruft Raffaela. Wie du mit superschönen Frauenhänden in der Shoppingmall schöne Bewegungen machst. Du hast sie ja nicht alle.

Nein, sagt Holger unbeeindruckt. Es ist so einfach, die Welt zu verschönern. Ihr müsst das nicht ins Lächerliche ziehen. Lasst meine Hände bitte los, sagt Erika. Ich brauche keine Anhänger, ich bin kein Fußballverein. Wie kommst du denn jetzt darauf?, ruft Raffaela. Du bist echt empfindlich heute. Hat das einen besonderen Grund? Erika schweigt. Lass sie, sagt Holger. Sie sagt nie, was mit ihr los ist. Wahrscheinlich Liebeskummer. Komm, wir gehen. Nein, sagt Erika. Bleibt bitte hier und lasst uns »Die Siedler von Catan« spielen. Ich habe John Bescheid gesagt, er kommt. Da ist er schon.

Na, Leute, sagt John, worauf wartet ihr denn? Auf dich, sagt Erika. Sie stimmen das Siedler-Lied an. »Du hast mein Lehm genommen, ich hab dein Erz gebrochen, gib mir dein Getreide, ich hab dein Schaf gerochen!« Sie lachen und Erika holt die Spielsachen. Hast du heute schon gearbeitet?, fragt Raffaela. Ja, sagt John, lief sehr gut heute. Ich habe ein geiles Grundstück vertickt, jetzt habe ich kaum noch Schulden.

Ganz andere

Die Blumen und die Sterne
Sind extrem beliebt
Die haben nie gearbeitet
Die haben nie geübt
Die haben keine Meinung
Und rühren sich nicht vom Fleck
Die müssen auch nicht online sein
Nur schön und ganz weit weg
Die Blumen und die Sterne
Werden wie wir vergehen
Verblühen und verglühen
Ohne uns anzusehen

Das gelbe Tor

Ich habe keine Lust mehr, dieses verdammte Tor zu strei-
chen, ruft Jens und schmeißt den Pinsel weg. Wir hätten
Rollen nehmen oder es gleich einen Maler machen lassen
sollen. Wie sieht das denn aus? Und dieses Sonnengelb!
Wer streicht sein Tor denn sonnengelb?

Wir, sagt Irmgard. Du hast keine Geduld, das ist alles.
Ich werde mich nie an dieses Leben gewöhnen, ruft Jens.
Na, ist doch schön, sagt Irmgard. Dann bleibt es auch
spannend. Spannend!, ruft Jens. Wie kannst du dieses
ausgelutschte Drecksswort nur immer noch benutzen?
Spannend! So bleiben wir auf Augenhöhe, was? Wir
leben Farbe!

Jens, bitte!, ruft Irmgard. Du führst dich auf wie ein
Pubertierender. Mir gefällt das Gelb, es ist so sonnig.
Jens beißt sich auf die Unterlippe. Du mit deiner blöden
Wut, sagt Irmgard. Davon wird die Welt nicht besser. Dir
ist langweilig. Warum trainierst du nicht wieder eine
Jugendmannschaft?

Weil mich diese verwöhnten Kackbratzen ankotzen,
sagt Jens. Mit ihren Muttis und Vatis, die sie so toll finden. Sollen sie ihre Kinder hassen?, fragt Irmgard. Hör
auf! Uns geht es gut. Du hast einen prima Job und wenn
du dich in deiner Freizeit langweilst, musst du dir etwas
einfallen lassen.

Nein, sagt Jens, muss ich nicht. Ich habe mir schon so
viel einfallen lassen, mir reichts. Soll ich jede Scheiße
wie ein Buddha weggrinsen? Irmgard lächelt. Den Bauch
hast du ja bald.

Jens geht ins Haus und kommt mit einem Bier zurück.

Ich weiß, was du meinst, aber ich bin nun einmal so. Früher warst du nicht so, sagt Irmgard. Da hat dich das alles gar nicht so tangiert, die Nazis, die Türken, die Finanzjongleure, die Dopingfälle, die Dieselautos, sogar das Wetter regt dich auf. Weil es Scheiße ist!, brüllt Jens. Es ist Scheiße! Bitte, Jens, sagt Irmgard, was sollen die Nachbarn denken? Ach, die!, ruft Jens. Vielleicht sägt von denen auch einer gerade seine Sexsklaven in Stücke. Ach, Blödsinn, sagt Irmgard, du kennst sie alle, die sind nicht so. Na, guck mal! Sieht doch gut aus! Jens bietet ihr die Flasche an. Irmgard trinkt sie auf ex. Ich war durstig, sagt sie. Hast du dir verdient, sagt Jens. Sieht gut aus, aber knallt ganz schön. Na und?, sagt Irmgard. Kann an den trüben Tagen gar nicht schaden. Schön, sagt Jens. Und wenn das nun ein Kunstwerk wäre, wie würdest du das nennen? Irmgard denkt gar nicht nach und sagt: Die Hausgeburt der Sonne.

Das Urteil

Der Fuchs stand vor Gericht. Du hast der kleinen Hexe ins Gesicht gefurzt, stimmt das?, fragte der Uhu. Aber nein, rief der Fuchs. Das stimmt natürlich nicht. Ich habe noch nie jemandem ins Gesicht gefurzt! Sofort meldeten sich zwei Dutzend Tiere, die es besser wussten. Wenn sie immer hinter mir herrennen, was kann ich dann dafür? Von uns ist niemand hinter dir hergelaufen, rief die Schildkröte, wie kämen wir denn dazu? Ja, ok, sagte der Fuchs, ich geb's ja zu. Ich habe diesen Idioten ins Gesicht gefurzt, weil sie Donald Trump anbeten. Was?, rief der Uhu. Was sagst du da? Warum sollte ein Tier Donald Trump anbeten? Er mag Tiere nur als Steaks. Aber sie beten ihn an, rief der Fuchs.

Die kleine Hexe hat eine kleine Donald-Trump-Puppe, die stellt sie in einen beleuchteten Schrein und dann beten sie ihn an. Ist das wahr, kleine Hexe?, fragte der Uhu. Und wenn schon, rief die kleine Hexe. Wir finden ihn gut, weil er so eine schöne Frisur hat. Und so blond ist auch niemand von uns. Es ist nicht echt, sagte der Uhu. Dieses Blond ist eine künstliche Farbe. Schämt euch! Wir als Naturwesen sollten nicht auf solche Fake-Frisuren abfahren. Tun wir aber!, riefen alle Tiere, die den Fuchs angeklagt hatten. Wir finden Trumps Frisur geil und für uns ist er ein Naturwesen wie wir. Er ist ein Mensch!, sagte der Uhu streng. Menschen sind keine Naturwesen, bis auf wenige Ausnahmen. Sie produzieren Kunststoffe und Kunstdünger und Kunstwerke und künstliche Knie und Hüften und was weiß ich. Ihr sollt keine Menschen anbeten, das verdirbt eure Seelen.

Ist doch nur aus Spaß!, riefen die Tiere. Nur jetzt im Winter, wenn wir nichts zu lachen haben, gehen wir in die Höhle und beten einen an. Jedes Jahr einen anderen. Letztes Jahr war es Jürgen Klopp, der Fußballtrainer. Wir nehmen immer den populärsten Menschen, den finden wir am besten. Lasst uns doch den Spaß! Ja gut, sagte der Uhu. Aber beklagt euch nie mehr, wenn euch deshalb jemand ins Gesicht furzt, das ist total in Ordnung. Die Tiere grummelten, aber der Uhu war der Richter und sein Urteil zählte.

Der Einzige

Ein Gerichtsvollzieher, er hieß Erich Gimmick, hatte sich im Hochsommer völlig unmotiviert, mit Kopf und Oberkörper, über eine Betonbrüstung gehängt, gerade soweit, dass er noch sicher war, nicht abzustürzen. Was tust du da?, fragte ein Fischreiher, der auf dem Weg zu seinem Lieblingsteich an ihm vorbeiflog. Erich sah den Vogel an und sagte nichts, er war zu überrascht.

Der Fischreiher, er hieß Ernesto, unterbrach seinen Flug und stellte sich neben Erich auf die warme Brüstung. Ah!, tut das gut. Ich habe schon lange nicht mehr auf einer so warmen Brüstung gestanden. Hast du dich über sie gehängt, weil sie so schön warm ist? Nein, sagte der Gerichtsvollzieher, darüber habe ich nicht nachgedacht. Aber wenn die Brüstung arschkalt wäre, hätte ich es wohl nicht lange ausgehalten. Hast du schon mal auf einer arschkalten Böschung gelegen?, fragte der Fischreiher. Und ob, rief der Gerichtsvollzieher. Ich bin in jungen Jahren bei einer Schlägerei einmal KO gegangen und habe mich bewusstlos gestellt, um nicht noch mehr einzustecken. Damals wurde man noch nicht getreten, wenn man am Boden lag.

Muss lange her sein, sagte der Fischreiher wie ein weiser Marabu. Du hast dich in Flussnähe geprügelt? Erich nickte und berührte dabei mit dem Kinn die Brüstung. Es ging um eine Frau. Ich habe mich noch nie um eine Frau geprügelt, sagte Ernesto, es war nie nötig. Hast du die Frau bekommen? Nein, sagte der Gerichtsvollzieher, sie nahm den Stärkeren. Er sah auch besser aus als ich und war intelligenter, ich hatte keine Chance. Tut mir leid, sagte der Fischreiher. Es muss schlimm sein, wenn man jemanden sehr liebt und einfach keine Chance hat. Geht so, sagte der Gerichtsvollzieher. Sie wurde dann sehr schnell schwanger und bekam fast jedes Jahr ein Kind. Das wäre nichts für mich gewesen.

Bist du Familienmensch? Geht so, sagte Ernesto. Manchmal schon, aber nie zu lange. Und was ist mit Gebüschen? Was meinst du?, fragte Erich. Na, sagte der Fischreiher, hast du schon mal in einem arschkalten Gebüsch gelegen? Der Gerichtsvollzieher musste lachen. Was stellst denn du für Fragen? Interessiert mich eben, sagte der Fischreiher. Ich bin Anthropologe und wüsste gerne, was ein Mensch wie du so tut und macht. Also, sag schon! Nee, sagte Erich, in einem arschkalten Gebüsch habe ich noch nie gelegen. Wir Menschen liegen eigentlich so gut wie nie in Gebüschen. Aber ich habe schon mal einen gesehen. Das war im Winter und der Mensch war ziemlich nackt. Achso!, rief Erich. Das muss ein Toter gewesen sein. Wahrscheinlich ein Mordopfer. Lebende Menschen legen sich so gut wie nie in arschkalte Gebüsche, höchstens im Krieg.

Im Krieg?, staunte der Fischreiher. Was ist das denn? Weißt du, was ein Land ist?, fragte der Gerichtsvollzieher. Deutschland, Frankreich, Senegal? Ernesto schüttelte den Kopf. Na egal, rief der Gerichtsvollzieher. Krieg ist schrecklich. Im Krieg versuchen Menschen, viele andere Menschen umzubringen. Und da kann es schon mal vorkommen, dass man sich in einem arschkalten Gebüsch versteckt. Aber sonst liegen nur Tote in arschkalten Gebüschen. Toll, sagte der Fischreiher, wieder was gelernt! Er schlug mit den Flügeln. Ich muss jetzt los, ich habe Hunger.

Seit wann bist du denn schon Anthropologe?, fragte der Gerichtsvollzieher. Seit vorhin, rief der Reiher. Seit ich

dich da hängen sah, dachte ich, wie der wohl tickt? Er
war schon in der Luft. Mach's gut! Du auch, rief Erich,
und er fühlte sich zurecht geehrt. Er war der einzige
Mensch, der ein Tier dazu gebracht hatte, Anthropologe
zu werden, und er blieb noch eine Weile über der Brüstung hängen, um diesen Zustand zu genießen.

Herkunft

Eine berühmte Künstlerin
Wurde durch die Geburt ihres Kindes
Vor ihrem Workaholismus gerettet
Und ein ehemaliger Vermieter sagte uns
einmal
Ich habe Kinder, da weiß man
Wofür man arbeitet
Ja, Kinder machen sehr viel Arbeit
Aber wir haben sie nie
Mit Arbeit in Verbindung gebracht
Obwohl wir Arbeiterkinder sind

Der Name

Zwei Nuttenvögel, die sich von jedem, der sie füttert, auch ficken lassen würden, saßen satt auf einem Zaun und beobachteten die Umgebung. Ich kann die Menschen nicht leiden, sagte der eine, sie haben so blöde Fressen. Weil sie keine Schnäbel haben, meinte der andere. Das sieht dann gleich so stumpf aus. Und diese großen Augen, sagte der eine, wie die glotzen. Und ihre Autos glotzen auch so. Aber sie bauen schöne Hochhäuser, rief der andere, das muss man ihnen lassen. Na ja, was sollen sie sonst auch machen, sagte der eine. Sie werden immer mehr und immer mehr. Wenn sie so weitermachen, müssen sie bald im Weltraum siedeln.

Was labert ihr denn da?, fragte die Linde Linda. Ach, nur so, riefen die Vögel. Uns war nach quatschen. Schon lustig, dass du ausgerechnet Linda heißt. Lustig? Die Linde wirkte verärgert. Ich kann den Namen nicht leiden. Wie heißt ihr eigentlich? Wir haben keine Namen, riefen die Nuttenvögel, wir sind nicht so die Identitätsfanatiker. Was heißt das denn?, rief die Linde. Ich finde es sehr schön, einen Namen zu haben, wenn es ein schöner ist. Und welchen Namen findest du schön?, fragten die Vögel. Der Baum überlegte.

Zum Beispiel Helene Fischer, sagte er. Oder Maite Kelly. Die Vögel sahen sich an. Ja, klingt beides super, sagte der eine. Würdest du denn lieber so heißen?

Absolut, sagte die Linde. Aber ich glaube, ich könnte mich nicht entscheiden, ich finde beide Namen so toll. Du musst dich gar nicht entscheiden, sagten die Nuttenvögel. Du kannst beide Namen annehmen und auch noch einen dritten und vierten dazu. Und du könntest sie auch mit anderen Namen kombinieren. Ganz wie du willst. Ihr meint, fragte die Linde, ich könnte mich auch Helene Aubameyang oder Maite Messi nennen? Oder Helene Maite de Maizière von Schulz und zu Merkel Seehofer Löw? Ja! Wahnsinn!, riefen die Vögel. Das klingt ja alles super mega toll! Warum schläfst du nicht einfach eine Nacht darüber? Und morgen sagst du uns dann, wie du in Zukunft heißen willst.

Ihr seid so nett, rief die Linde. Es ist ja auch schon Abend, also bis morgen. Die Linde konnte vor lauter Vorfreude gar nicht richtig schlafen, aber als sie in der Morgendämmerung zu sich kam, wusste sie gleich, dass sie Sieglinde heißen wollte. Sie weckte die Nuttenvögel auf ihren Zweigen. Hey, wacht auf! Ich heiße jetzt Sieglinde. Ach du Scheiße, dachten die Vögel. Und der eine murmelte: Aber Maite wäre doch auch ganz schön. Ja, sicher, sagte die Linde. Es gibt so viele schöne Namen. Und ich bin ein mächtiger Baum. Es war eine Eingebung. Und ich muss sagen, mir geht es gut dabei. Das bin ich: Sieglinde! So heißt eine Kartoffel, sagten die Vögel. Habt ihr was gegen Kartoffeln?, fragte der Baum. Nein, nein, riefen die Vögel. Alles gut, Sieglinde. Wir müssen dann mal los. Man sieht sich. Auf Wiedersehen ihr beiden!, rief Sieglinde. Und vielen, vielen Dank! Und denkt daran: Bei mir habt ihr immer ein Zuhause.

Die Vögel flogen zum Bahnhof. Sie setzten sich auf die junge Eiche, links vom Vorplatz. Tag, Hartmut. Na ihr beiden, rief der Baum. Schon ausgeschlafen? Mega!, riefen die Vögel.

Die Weltreise

Ich bin im Frühherbst als junges Pferd durch eine flache Landschaft galoppiert. Ich kannte nichts. Die Äcker rochen nach Erde, die Wiesen nach saftigem Gras. Dann der böse Zauber! Nun kroch ich als nackte, alte Frau im Winter durch die Innenstadt von Osnabrück, die Kinder riefen: Wir können deine Fotze sehen!

Ein Weihnachtsmann hat mich gerettet. Er brachte mich in seine Heimat, wo die Engel Rosen essen. Sie badeten mich im See der Gnade und gaben mir ein Kleid aus Licht. Ich sagte: Ihr seht aus wie selbstgefällige Arschlöcher, aber ihr habt mir gutgetan.

Du sollst dir auch gefallen, sagte einer der Engel. Ich sah an mir herab und lachte. Danke, rief ich. Habt ihr einen Wunsch? Zeig uns dein Herz, zeig uns dein Herz, riefen die Engel. Ich zeigte ihnen einige Bilder von der letzten Operation, aber sie waren unzufrieden. Sie wollten es in echt sehen. Ich sagte: Ihr müsst euch eine Arbeit suchen, damit ihr nicht mehr auf solche verrückten, gefährlichen Ideen kommt.

Ich rief den Weihnachtsmann. Er hakte mich unter und wir flogen über ein Land vor allen Zeiten, wo die Steine eine lustige Ausstrahlung hatten. Dann war der Weihnachtsmann ein Kalb und ich die Mutter. Ich kann kein Glück empfinden, sagte er. Das musst du von deinem Vater haben, sagte ich. Ich bin oft sehr glücklich. Wann denn?, fragte das Kalb. Eigentlich immer, sagte die Kuh. Für mich ist Glück mein Normalzustand. Auch in der Melkmaschine?, fragte das Kalb. Ja, immer, sagte ich. Bestimmt wirst du auch bald glücklich. Vielleicht könnten wir mal ins Aquarium gehen, sagte das Kalb. Es soll dort Streichelfische im Eingangsbereich geben. Mit Hufen streicheln?, fragte ich, wie soll das gehen? Du bist echt seltsam.

Da kam der Bauer und nahm das Kalb mit. Die Metzger schnitten etliche Schnitzel aus dem Fleisch und die Köche machten damit etliche Menschen satt und glücklich. Zwei davon waren ich und meine gutaussehende Frau, die mich jahrelang unterdrückte. Sie wusste, dass ich besser war als sie und deshalb hat sie mich nicht zur Geltung kommen lassen und mich sexuell verunsichert. Wie oft rief sie beim Sex: Komm schon, du schwule Sau! Fast hatte sie mich zu Grunde gerichtet, aber die Liebe zu ihrem Hund hat mich gerettet. In seinen Augen sah ich wahre Menschlichkeit und eines Tages sind wir zusammen abgehauen. Er war ein Boxer und hat noch sieben Jahre gelebt.

Ein Sommertraum

Auf einmal war mein Leben eine Servicewüste. Ich rief: Hilfe! Hilfe! Hört mich denn keiner? Wir hören dich, flüsterten die melancholischen Flittchen. Mach weiter, wir mögen deine Stimme. Züge hielten, Züge fuhren los. Ich rollte einen großen Käse aus dem Bahnhof und wusste nicht wohin. Ein Auto fuhr den Käse um, mein Fuß tat weh. Und in der einsetzenden Dämmerung sangen die Fledermäuse »Radar Love«, den alten Hit von Golden Earring. Mit meiner Rucksacklaterne erreichte ich das Wasserviertel. Alle weinten. Gebt mir eine Woche Zeit, schrie ich, dann gibt es keine Schweine mehr. Nun lachten alle. Du hättest mit uns weinen sollen, sagte ein Mann mit Zylinder. Nun bist du für immer ein Fremder. Bist du der Tod?, fragte ich ihn. Er schüttelte den Zylinder. Ich bin nichts Spezielles. Manche nennen mich Raumsau. Raumsau? Ich ging schnell weg, im Arm eine attraktive Ornithologin. Sie hatte Flügel. Wir können uns eine Liebe verdienen, sagte sie. Wir müssen nur ganz fest zusammenhalten. Ein Sturm kam auf und fegte ihr zwei Spiegeleier ins Gesicht. So etwas Blödes gibt's sonst nur in Filmen. Wir sind verheiratet, rief sie. Das war die Zeremonie. Halt!, sagte ich. Du biegst dir alles irgendwie zurecht, das ist nicht in Ordnung. Wir küssten uns und es ging immer weiter, bis kurz vor Ostern ihre Träume etwas prophezeiten, das mich nichts anging. Glaubte ich. Sie fuhr nach Rom und kam mit einem Papst-Kind wieder. Was ist das, fragte ich, ein Kind vom Papst? Nein, nein, ein klitzekleiner Papst, so groß wie eine Meise. Er kann uns segnen und innerlich wachsen lassen. Willst du ein großes Herz? Und was ist, wenn ich platze? Wir konnten uns nicht einigen. Sie ging mit ihm in einen Zirkus, ich stellte mich auf ein Bein, bis ich umfiel. Es war Karneval im Sommer, ich lag auf einer Wiese. Euer magisches Denken hat uns allen geholfen, sagte die Kuh, aber bildet euch nicht zu viel darauf ein. Nicht alle, die ihre Nerven verlieren, sind so sensibel wie ich. Wir kraulen ihr den Pony und führen sie auf eine sonnige Lichtung. Wir lieben die Natur, auch unsere, wenn sie so ist wie jetzt. Ist das jetzt eine Party?, fragt die Kuh. Wir lachen. Es geht uns allen gut und wir feiern das Leben, sagst du, aber zu einer Party gehört noch mehr. Soll ich muhen?, fragt die Kuh. Das reicht nicht, sage ich, da fehlt der Rhythmus. Ich kann auch rhythmisch muhen, sagt die Kuh. Wir sehen die Schlüsselblumen an. Ich kapiere einfach nicht, was Party bedeutet, ruft die Kuh. Das geht mir so mit Transzendenz, sage ich, und du überlegst, ob du die Liebe erwähnen sollst. Dann sagst du aber nur: Ich finde die Momente so ergreifend, wenn man etwas ganz genau weiß. Die Kuh ist jetzt aufs Grasen konzentriert. Wenn man sie so sieht in ihrer kolossalen Friedlichkeit, käme man nicht auf die Idee, dass ihre Abgase unser Klima schädigen, aber wir wissen es. Ein Bussard fliegt vorbei. Wir sehen den Horizont. Los, lass uns hin!, sagst du. Als wir ihn erreichen, sage ich: Danke, es ist das erste Mal, dass du auf mich gewartet hast. Nichts zu danken, sagt der Horizont. Dieses ewige Entschwinden hat mich gelangweilt. Wollen wir etwas spielen? Und was? Er überlegt. Verstecken? Wir nicken. Und dann versteckt er sich hinter der Sonne, bevor wir uns umdrehen können. Es ist eine blöde Situation. Ich rufe noch: Halt! So geht das nicht. Wir wissen, wo du bist. Und er ruft nur: Ihr müsst mich finden.

Das ist jetzt Jahre her.

Faux pas

Wir sollten mal wieder ins Theater gehen, sagt Rolf zu Erika. Wie lange ist das her? Ich weiß nicht, sagt Erika. Die stellen sich immer so an im Theater, das geht mir auf die Nerven. Was meinst du denn damit, fragt Rolf, die stellen sich an?

Na, diese ganzen Emotionen, sagt Erika. Dieses dramatische Getue, das ist mir viel zu anstrengend. Na, du bist gut, ruft Rolf. Ein Drama muss dramatisch sein, was soll der Quatsch? Und wir müssen ja nicht unbedingt ein Drama ansehen, es gibt so viele Stücke.

Die stellen sich alle an, sagt Erika. Die tun immer so wichtig, als ginge es um Leben und Tod. Na hoffentlich!, ruft Rolf. Man will doch für sein Geld was sehen. Ich weiß nicht, meint Erika. Wegen der paar Euro muss es doch nicht gleich um Leben und Tod gehen.

Wie wärs mit einer Boulevard-Komödie?, fragt Rolf. Hältst du mich für senil?, fragt Erika zurück. Also Liebling, ruft Rolf, was hast du denn? Du meckerst nur herum!

Die Königin der Nacht ist eingegangen, sagt Erika, du musst sie zu sehr gewässert haben, als ich in der Klinik war. Rolf geht zu den Kakteen. Ausgerechnet die Königin der Nacht! Wir besorgen gleich morgen eine Neue. Von mir aus, sagt Erika. Hauptsache, ich muss nicht ins Theater.

Rolf sieht sie ärgerlich an. Du musst gar nichts! Glaubst du denn wirklich, ich würde dich an den Haaren ins Theater schleifen? Nein, sagt Erika und lacht. Was lachst du?, fragt Rolf. Stell ich mir vor, sagt Erika, wie du mich ins Theater schleifst. Alle würden denken, das gehöre zur Vorstellung. Alle würden denken, wir wären Schauspieler.

Würdest du schreien?, fragt Rolf.

Und wie!, sagt Erika. Aber ich bräuchte erstmal Haare.

Im Winter

Wir hatten keine verlässlichen Zahlen
Als wir in die Fenster stiegen
Wir hatten keine Flügel
Aber wir versuchten zu fliegen

Es ging ganz leicht zusammen
Und wir lachten uns zu
Wir kannten uns, der Eine
War ich, die Andere Du

Und viele andere flogen auch
Sie grüßten aus der Ferne
Das ist schon lange her
Jetzt sind wir beide Sterne

Wir funkeln durch die Nächte
Sie sind so kalt und klar
Es ist zu Licht geworden
Was einmal Liebe war

Helene

Ein älteres Fleischfresserpärchen war beim Helene-Fischer-Konzert gewesen und noch immer hin und weg. Kann die toll singen, flüsterte die Frau wie in Trance. Ich glaube, kein Mensch hat jemals so toll gesungen wie Helene. Nicht einmal Ronny oder Heino. Und wie sie sich bewegt, raunte der Mann. Und dann die Ausstrahlung! Einfach umwerfend! Und diese Lieder. Und die Choreografie!, rief die Frau nun lebhaft. Sie machte einige Tanzschritte. Anni, sagte der Mann, ich muss dir etwas gestehen. Ich glaube, ich finde Helene noch toller als dich. Ich liebe sie. Ach Manni, rief die Frau. Das kann ich gut verstehen, ich liebe sie ja auch, und wenn ich jünger wäre, würde ich sie heiraten. Anni, rief Manni und schloss das Auto auf. Bist du lesbisch geworden? Nein, beruhigte Anni ihren Mann. Ich liebe dich ja auch noch immer.

Sie stiegen ein. Ist es nicht wunderschön, sagte Manni, einen Star zu haben, den wir beide lieben? Anni nickte vehement. Stell ich mir ganz schrecklich vor, fuhr Manni fort und fuhr los, stell ich mir ganz schrecklich vor. Was denn?, fragte Anni. Na, du weißt schon. Ja sicher, sagte Anni. Wenn einer von uns beiden einen Star fantastisch fände, den der andere überhaupt nicht leiden könnte. Stell ich mir auch ganz schrecklich vor. War ja bei Udo und Ramona so, weißt du noch?

Sie schwärmte so für Chris de Burgh und er hat immer über ihn gelästert. Diese hässlichen Anderthalbmeter, sagte er mal beim Grillen. Das hat Ramona mitbekommen und ihm ein fettiges Steak in den Schoß geworfen.

Da hatte er den ganzen Abend diese Flecken vorne auf der Hose, das sah aus! Ist aber auch ein ekliges Kerlchen, dieser Chris de Burgh, sagte Manni. Da kann ich Udo schon verstehen. Oder findest du den gut? Anni sah ihn böse an. Also Manni! Wie oft haben wir gemeinsam über Chris de Burgh abgekotzt. Tausend Mal! Und dann fragst du mich so was!

Entschuldige, sagte Manni, entschuldige bitte. Du hast völlig Recht! Ich war unkonzentriert, ich musste auf den Verkehr achten. Es ist nicht immer einfach, auf den Verkehr zu achten und sich an alles zu erinnern. An alles! Anni lachte. Du musst dich nicht an alles erinnern, nur an die eine Sache! Wirst du dement? Anni, rief Manni, sowas darfst du nicht mal denken. Ich bin müde, das ist alles. Das Konzert hat ja auch Kraft gekostet, wir sind nicht mehr die Jüngsten. Ich bin noch richtig aufgedreht, rief Anni. Ich könnte ficken oder sonst was geiles machen, aber wenn du müde bist…

Ich könnts versuchen, sagte Manni und bog ab. Stell dir vor, ich wär Helene, schlug Anni vor, dann geht vielleicht noch was. Sie schwiegen eine Weile. Geht nicht, sagte Manni. Ich habs mir vorgestellt, aber ich wäre viel zu aufgeregt, wenn du Helene wärst. Ich würde nur noch zittern. Es ist nicht mal die Angst zu versagen, nur Aufregung, pure Aufregung. Anni gähnte. Siehst du, sagte Manni, du bist auch müder als du denkst, das macht die Autobahn. Ja, sagte Anni und blickte nach vorn auf die Rücklichter der Wagen vor ihnen. Sie wollte etwas Witziges sagen und sagte: Irgendwie ist die Autobahn auch ein Rotlichtmilieu. Manni wusste, wie sie darauf gekommen war. Er lachte auch ganz kurz. Und sagte: Toll, was dir so einfällt.

Kein Drama, kein Alarm

Eine aufgegessene Makrele war im Restmüll gelandet, alles roch nach Fisch. Hau ab, riefen alle. Auch Müll will glücklich sein. Ha, lachte die Makrele, nur weil ich meinen eigenen Duft habe, könnt ihr nicht glücklich sein? Was ist denn das für ein schwächliches Glück?

Du hast Recht, sagte ein halber, vertrockneter, türkisfarbener Donut. Du stinkst, aber du sagst die Wahrheit. Einen Scheißdreck sagt sie, rief ein Stück Alufolie. Sie verpestet hier das ganze Klima und hält ihren Gestank für einen besonderen Duft. Hau ab!

Geh Shisha rauchen, stichelte die Makrele, du bist genauso dumm wie dünn. Ich würde liebend gerne abhauen, aber mir sind die Zusammenhänge verloren gegangen. Da liegt meine Gräte, da eine Bauchflosse, da meine goldene Haut und hier ist mein Kopf. Und tot bin ich auch. Sag mir bitte, wie ich abhauen soll. Wir alle sind Müll, rief ein Vollkornbrotkrümel. So ist es, sagte eine alte Bulette. Kennt ihr die Geschichte von Frauke D.? Nee, ruft der ganze Restmüll, erzähl schon!

Also, sagt die Bulette, bevor Frauke D. aus dem Haus geht, reibt sie mit den Händen ihren nackten Busen, damit ganz viele Tittenmoleküle daran hängen bleiben, und dann versucht sie so vielen Menschen wie möglich die Hand zu geben, damit sich ihre Tittenmoleküle auf der ganzen Welt verbreiten. Das ist ihr Hobby. Wenn sie nach Hobbys gefragt wird, sagt sie immer: Keine. Aber sie stellt sich vor, wie ihre Moleküle nach Los Angeles oder Australien fliegen. Jetzt heiratet Frauke D., und ihr Mann kriegt ihr Hobby zufällig raus, weil er nicht schlafen kann und sie es in einem Interviewtraum ausplaudert. Frauke, sagt er beim Frühstück am nächsten Morgen, ich möchte nicht, dass deine Tittenmoleküle überall herumfliegen. Sie gehören zu dir. Frauke denkt eine Weile nach. Wenn sie abgehen, sagt sie schließlich, ist ihre Verbundenheit mit mir wohl nicht so groß, oder? Was außen ist, geht immer ab, sagt ihr Mann. Es gehört trotzdem zu dir, wie die Organe und die Blutgefäße. Blutgefäße!, ruft Frauke. Da sehe ich immer Gläser und Flaschen und Vasen voller Blut vor mir. Lenk jetzt bitte nicht ab, ermahnt sie ihr Mann. Wenn du weiter deine Brüste reibst, um deine Moleküle zu verbreiten, sind wir geschiedene Leute. So ein Idiot, denkt Frauke. Sie lassen sich scheiden.

Die Bulette schweigt. Und weiter?, fragt eine Bananenschale. Sie hätten viele glückliche Jahre haben können, sagt die Bulette, und wegen sowas gehen sie auseinander! Passiert sonst nichts?, fragt alter, kalter Reis. Bringt er sie nicht um? Nein, sagt die Bulette, kein Drama, kein Alarm. Nur eine ganz banale Scheidung ohne Kinder. Warum erzählst du solche Geschichten?, fragt die Makrele. Damit wir uns an deinen Duft gewöhnen, sagt die Bulette.

Kopfkino

Ein Totenschädel hat sich gestoßen. Hilfe, Hilfe!, ruft er, ich sterbe! Warum musst du auch immer so herumtoben, schimpft die Kniescheibe. Alle Knochen verwesen hier still vor sich hin, nur du machst Stress. Leg dich endlich hin und versuche zu schlafen.

Ich krieg kein Auge zu, sagt der Totenschädel, ich finde keine Ruhe und jetzt muss ich auch noch verbluten. Unsinn, ruft das Schulterblatt, du kannst gar nicht verbluten! Nun sei still. Der Totenschädel versucht, sich zu beruhigen. Er sagt sich immer wieder: Mit Gehirn war es auch nicht besser. Mit Synapsen ging auch nicht alles gut. Nicht so laut!, rufen zwei Rippen, was hast du denn? Warum bist du nicht still? Ich hasse Stille, ruft der Totenkopf. Das ist, als wäre man tot. Aber wir sind tot!, rufen die Rippen. Wann begreifst du das endlich? Wir sind schon lange tot. Warum geht das nicht in deinen blöden Schädel?

Der Totenkopf schweigt. Begreifst du?, fragen die Rippen. Wir sind tot! Ja, sagt der Totenkopf, ihr vielleicht. Ich nicht. Ich möchte nochmal ganz von vorne anfangen. Alle Knochen lachen. Du bist vielleicht ein Idiot, ruft das Schambein. Wie kann man nur so ignorant sein!

Da kommt plötzlich Licht ins Dunkel. Das Grab wird geöffnet und die Knochen daneben aufgehäuft. Der Schädel haut ab. Er folgt einer jungen Frau unauffällig in ihre Wohnung und stellt sich unbemerkt vor ihren Fernseher. Als sie am Abend etwas sehen will, erschrickt sie fast zu Tode. Keine Angst!, sagt der Totenschädel. Ich tue nichts. Die Frau zittert und will Hilfe rufen. Bitte, sagt der Totenschädel, lassen sie mich die Sache erklären. Ich kann ihnen nichts tun. Wie auch?

Die Frau beruhigt sich. Sie holt aus dem Werkzeugkasten einen Hammer und zerschlägt den Totenkopf in tausend Stücke. Dann weint sie vor Erleichterung. Nun hat sie ein interessantes 3D-Knochenpuzzle. Sie sieht auf die Uhr. Es ist kurz vor Acht. Die junge Frau setzt sich gerne Ziele. Um Mitternacht möchte sie mit dem 3D-Puzzle fertig sein, damit sie ruhig schlafen kann. Sie holt Klebstoff aus einer Küchenschublade und setzt den Totenschädel wieder zusammen. Es ist eine anstrengende, mühselige Sucherei. Erst kurz vor Sonnenaufgang wird sie fertig. Zum Glück ist Wochenende, sie muss nicht arbeiten.

Danke, sagt der Totenkopf. Echt nett, dass du mich wieder zusammengesetzt hast. Ja, sagt die junge Frau, ich bin echt nett. Was wirst du jetzt tun? Ich weiß nicht, sagt der Totenkopf. Eigentlich wollte ich noch einmal ganz von vorne anfangen, aber jetzt ist der Schwung weg. Etwas in mir ist zerbrochen. Ich werde zurück zum Friedhof gehen, und mich mit den anderen Knochen besprechen. Und du? Was hast du vor? Ich werde eine Autobiographie schreiben, sagt die junge Frau. Sie wird so schonungslos und rücksichtslos sein wie nichts anderes. Fällt dir denn sonst nichts ein, als dein eigenes Leben zu analysieren und auszuschlachten?, fragt der Totenkopf. Nein, sagt die junge Frau. Warum muss mir denn etwas anderes einfallen? Ich bin nicht zwanghaft kreativ. Und ausschlachten werde ich gar nichts. Ich habe nicht vor, irgendetwas zu veröffentlichen. Ich habe einen interessanten Beruf, ich bin Kinderkrankenschwester. Das Schreiben ist mein Hobby. Ich schreibe nur für mich, verstehen Sie? Der Totenschädel schüttelt sich. Nein, nein! Das kann ich nicht verstehen. Möchten Sie mit ihrem Schreiben denn nicht kommunizieren? Nur mit mir selbst, sagt die junge Frau. Der Totenschädel nickt. Aha, verstehe. Also, machen Sie's gut! Ich werde es sehr gut machen, sagt die junge Frau und bringt ihn noch zur Tür.

Der Totenschädel rollt zum Friedhof, aber alle anderen Knochen, bis auf das Steißbein, sind schon weg. Gott sei Dank, ruft es, als es den Totenschädel sieht. Ich fühle mich so allein. Wo sind die anderen?, fragt der Totenschädel. Zum Krematorium, sagt das Steißbein. Mich haben sie vergessen. Wo warst du? Ich habe eine Kreuzfahrt gemacht, sagt der Totenschädel. Ich habe an einem Tag zweimal die Erde umrundet. So ein schnelles Schiff?, staunt das Steißbein. Ohne Schiff, sagt der Totenschädel. Ich bin geflogen, es war schön, aber ich bin daran zerbrochen. Es ging zu schnell. Die Tochter der Dunkelheit hat mich wieder zusammengesetzt. Jetzt will ich nur noch verschwinden. Lass uns gehen. Wohin?, fragt das Steißbein. Zum stillen Ozean, ruft der Totenschädel. Kennst du den Weg?, fragt das Steißbein. Sonst sind wir echt am Arsch. Du warst schon immer am Arsch, sagt der Totenkopf. Ich kenne alle Wege, und fragen kann man auch. Wenn man es kann, sagt das Steißbein. Guck mal die Amsel, ruft der Totenkopf. Sie lächelt. Unmöglich, sagt das Steißbein. Nun guck doch endlich!, ruft der Totenkopf.

Indem

Ich kämpfe für den Frieden
Indem ich friedlich bin
Ich kämpfe gegen den Hunger
Indem ich etwas esse
Ich kämpfe für Gerechtigkeit
Indem ich etwas lasse
Ich kämpfe für die Liebe
Indem ich sie vergesse

Mahlzeit

Ich will den Druck aus meinem Leben nehmen, sagt die Füchsin. Ich will mehr Sicherheit. Ich bin nicht mehr die Jüngste und dieses ganze Gerenne und Gejage hängt mir zum Hals heraus.

Klingt schwer nach Burnout, sagt die Krähe. Nach was? Nach Burnout, sagt die Krähe. So nennen das die Menschen, wenn man nicht mehr kann. Ich kann noch!, ruft die Füchsin. Ich kann noch! Aber es macht mir keine Freude mehr. Und komm mir nicht mit Menschen, das brauch ich echt nicht. Erfinden tödliche Gewehre und stinkende Autos und Flugzeuge und kommen sich toll dabei vor. Kein Wort mehr über Menschen!

Ist ja schon gut, sagt die Krähe. Ich weiß ja was du meinst. Aber ich würde auch gerne mal Urlaub machen oder eine Reise. Warst du schon mal in Frankfurt? Nee, sagt die Füchsin. Was ist das? Eine Stadt, sagt die Krähe. Da gibt es hohe Häuser, ich sag dir, wenn du von deren Dächern eine Nuss hinunterfallen lässt, die ist sowas von kaputt!

Da warst du?, fragt die Füchsin. Nein, sagt die Krähe. Hat man mir erzählt. Du glaubst wohl alles, sagt die Füchsin. Und hör endlich auf mit diesem Menschenkram, da liegt kein Segen drauf! Aber du bist doch auch oft bei den Menschen, sagt die Krähe. Ich hab dich selbst auf Komposthaufen gesehen. Du hast auch schon im Müll gewühlt. Muss eine andere gewesen sein, sagt die Füchsin. Aber wenn du nicht mehr so viel jagen willst, sagt die Krähe, ist die Nähe zu den Menschen nicht das schlechteste. Warte!, flüstert die Füchsin.

Sie hat etwas gehört. Nach zwei Minuten kommt sie mit einer Maus zurück. Sie lebt. Lass mich laufen! Bitte!, bettelt die Maus. Ich hab Familie! Ich auch, sagt die Füchsin. Wir haben alle Familie, sagt die Krähe. Die Füchsin lässt die Maus auf den Boden und fängt sie wieder ein, sie hält sie am Schwänzchenende fest und lässt sie baumeln. Die Maus stellt sich tot. Die Krähe lacht. So ein dummer Trick! Sie zwickt die Maus in den Bauch. Die Maus quiekt vor Schmerz. Die Füchsin legt sie wieder auf den Boden. Die Maus will weg, aber die Füchsin hat sie schon wieder äußerst behutsam eingefangen. Wie elegant!, ruft die Krähe. Das hast du wirklich raus!

Hör auf die Maus zu quälen!, ruft eine andere Krähe. Sie hockt auf einem Zaun. Die Füchsin und die Krähe wundern sich. Was willst du? Bist du Tierschützerin? Ich kann das nicht mit ansehen, sagt die zweite Krähe. Auch Futter hat Gefühle!

Komm mal näher!, ruft die erste Krähe. Ich hack dir schon kein Auge aus. Die zweite Krähe kommt angeflogen und die erste Krähe pickt ihr sofort ein Auge aus. He, was soll das?!, ruft die verwundete Krähe. Da pickt ihr die Erste auch noch das andere Auge aus und ruft: Was guckst du?

Die Füchsin hat die Maus hinuntergeschluckt und tötet die blinde Krähe mit einem Biss. Die teilen wir uns, sagt die Krähe. Die Füchsin sagt: Verpiss dich. Da hackt die Krähe auch ihr ein Auge aus. Die Füchsin jault ganz fürchterlich auf und flüchtet.

Unschlagbar!, ruft ein Zaunkönig, der alles aus sicherer Entfernung beobachtet hat. Intelligenz und Brutalität! Unschlagbar! Bist du jetzt mein Fan?, fragt die Krähe. Aber der Zaunkönig ist schon weg. Er will die Geschichte erzählen. Scheiß Federn, sagt die Krähe und fängt die Mahlzeit an.

Schule für Große: Nr. 153

In Sozialkunde sprachen wir letzte Woche über plötzlichen Reichtum. Was würdet ihr tun, wenn ihr auf einen Schlag eine riesige Geldsumme zur Verfügung hättet?, fragte Fr. Lende-Spelt. Wie viel genau?, wollte Katharina erstmal wissen. Millionen, Milliarden, Billionen? Billionen, sagte Fr. Lende-Spelt. Es würde zum Beispiel reichen um Griechenland zu entschulden oder anderen armen Ländern wie Rumänien und Bulgarien zu Wohlstand zu verhelfen.

Auf keinen Fall!, rief Lars. Diesen faulen Säcken würde ich gar nichts geben. Ich würde hier bei uns in Deutschland geile Fabriken bauen. Und was würden die Fabriken herstellen?, fragte Fr. Lende-Spelt. Fußbälle und E-Gitarren, sagte Lars. Und die Arbeiter bekämen schicke Ruhe-, Massage- und Fitnessräume.

Und mit den Fabriken würdest du noch mehr Geld verdienen wollen?, fragte Fr. Lende-Spelt. Nein, sagte Lars. Das wäre mir egal. Hauptsache die Leute hätten einen sicheren, unbefristeten Arbeitsplatz. Aber ich würde keinen einzigen Türken einstellen, der für Erdogan gestimmt hat. Die sollen mal zu ihm ziehen.

Na ja, sagte Fr. Lende-Spelt, das ist jetzt nicht das Thema. Lotti! Ich würde mir ein Land in Afrika kaufen, sagte Lotti. Und da dann alles schön machen, auch für die Elefanten. Und du wärst dann die Königin, mit Krönchen und so, ruft Jens. Er lachte. Nicht mit Krönchen. Ich würde meine Cap tragen, das ist viel authentischer. Aber ich wäre eine strenge Königin. Ich würde den Dieben die Hand abhacken und die Todesstrafe einführen. Alle waren schockiert. Aber Lotti!, rief Fr. Lende-Spelt entsetzt. Was ist denn in dich gefahren? Bist du Islamistin?

Nein, sagte Lotti. Aber Ordnung muss sein. Auf unserer Flagge wäre ein lachendes Gesicht zu sehen und darunter stünde groß und deutlich: Love and Order. Ich möchte keine Diebe und Mörder durchfüttern. Aber wenn du einem Dieb die Hand abhackst, wird es ihm schwerer fallen eine ehrliche Arbeit zu finden als mit zwei Händen, wandte die Lehrerin ein. Es wird ihm aber noch schwerer fallen, einen weiteren Diebstahl zu riskieren, sagte Lotti. Und es wird andere abschrecken. Niemand hätte in meinem Land das Stehlen nötig, es würde allen gut gehen. Wer da durch Diebstahl immer noch mehr will, hat es nicht anders verdient. Ok, rief Fr. Lende-Spelt. Das sind ja letztlich moralisch-organisatorische Probleme, die können wir jetzt nicht alle besprechen.

Hector, was würdest du mit dem vielen Geld machen? Ich würde es für Autos ausgeben und für die Krebsforschung und für die Mukoviszidose-Forschung. Und den Rest würde ich in Killer investieren. Wie bitte?, fragte Fr. Lende-Spelt. In Killer? Hector nickte. Die würden alle Idioten liquidieren, zuerst die Regierungschefs. Trump, Kaczynski, Netanjahu und wie sie alle heißen. Hilfe!, rief Fr. Lende-Spelt. Hier tun sich ja Abgründe auf! Du kannst doch nicht einfach Menschen umbringen lassen. Bist du noch bei Trost? Wenn man so viel Geld hat kann man alles, sagte Hector. Aber ich finde Autos und Gesundheit am wichtigsten. Fr. Lende-Spelt ging zum Fenster und sah schweigend hinaus. Ist ihnen nicht gut Frau Lehrerin?, fragte Zelda.

Doch, doch, sagte sie schnell. Alles in Ordnung. Eure Antworten haben mich etwas mitgenommen. Haben sie eine Sinnkrise?, fragte Larissa. Fr. Lende-Spelt lächelte. Ja, ja, so könnte man es nennen. Ich mag euch wirklich,

ich mag euch sogar sehr, aber manche von euch sind sehr speziell. Sie meinen dumm und ungebildet, sagte Ronny, geben Sie es ruhig zu. Dumm und ungebildet, sagte Fr. Lende-Spelt. Und brutal. So ist es.

Aber vieles meinen wir gar nicht so, sagte Lars. Manchmal wollen wir nur krass rüberkommen, um unseren Erotikfaktor zu steigern, verstehen Sie das nicht?

Ich weiß, was euch im Innersten beschäftigt, sagte Fr. Lende-Spelt, das ging mir früher auch so, das kann ich gut verstehen. Sie nehmen uns zu ernst, ruft Günther. Viele haben von uns haben sich die Birne weggekifft oder gesoffen. Aber wir haben alle gute Herzen. Sei still!, fuhr Chris ihn an. Du bist der Einzige, auf den das zutrifft. Versteck dich nicht in einer Menge, die es gar nicht gibt. Hier gibt's ganz finstere Herzen, das weißt du ganz genau.

Fr. Lende-Spelt sah noch immer aus dem Fenster. Frau Lehrerin, rief Hector, wir fühlen uns verachtet, drehen Sie sich bitte zu uns um. Wir wollten Sie nicht verletzen, ehrlich. Ich glaube wir können mit so großen Summen einfach nicht umgehen.

Fr. Lende-Spelt drehte sich um. Sie weinte. Eure Rohheit macht mich fertig, sagte sie leise. Warum will keiner von euch das Geld einfach so für gute Zwecke spenden, warum will niemand alles verschenken, bis auf das, was man als Privatier so braucht? Was ist das, fragte Larissa, ein Privatier? Ein reicher Sack, der nicht mehr arbeiten muss, rief Katharina. Ich würde alles spenden, sagte Ronny. Aber meine Frau nicht. Die hält das Geld zusammen. Ich würde es auch spenden, rief Ilona. Aber sie haben mich nicht drangenommen. Weil du so doof aufzeigst, sagte Fr. Lende-Spelt. So ganz gerade in die Luft, mit durchgedrücktem Arm. Und den dann auch noch drehen und nach hinten gucken und nach allen Seiten.

Tut mir leid, da dreht sich mir der Magen um. Wie wird man so?

Ich weiß nicht, sagte Ilona. Meine Eltern sind beide nett, wenn Sie das meinen. Na gut, sagte die Lehrerin. Lasst uns weitermachen. Ich würde alle Waffen aufkaufen, rief Nicky. Und dann würde ich sie vernichten und aus ihnen Medikamente herstellen. Alle lachten. Medikamente aus Waffen!, rief Lars. Wie kommst du denn auf sowas? Irgendwann können sie alles aus allem herstellen, sagte Nicky, das weiß doch jeder. Du bist so altmodisch.

Und dann würden wieder neue Waffen hergestellt, sagte Katharina. Und die Rüstungsindustrie reibt sich die Pfoten. Du bist so naiv. Das wird der Wirtschaft guttun, sagte Nicky. Und was gut für die Wirtschaft ist, ist auch gut für uns. Und was ist mit unseren Seelen?, fragte Fr. Lende-Spelt. Habt ihr euch mal gefragt, wie sich die Anwesenheit von Waffen, von Gewehren und Raketen, von Kampfjets und Flugzeugträgern auf unsere Seelen auswirkt? Nein, sagte Hector, keiner von uns hat sich diese Frage jemals gestellt. Ich wäre ohne Sie niemals auf diese Frage gekommen, gebe ich offen zu.

Was meint ihr?, fragte Fr. Lende-Spelt. Kennt ihr die Bilder vom Prager Frühling oder vom Platz des himmlischen Friedens? Auf denen Zivilisten Panzern gegenüberstehen? Manche meinten sie zu kennen. Und? Es knechtet die Seele, sagte Zelda. Diese Ohnmacht knechtet unsere Seelen. Nein, rief Günther. Diese Ohnmacht macht die Seelen frei. Ihr seid so unerfahren. Fr. Lende-Spelt lächelte und warf den Kopf nach hinten, als wollte sie einen Punkt an der Decke fixieren. Schaut alle an die Decke, sagte sie. Und nun stellt euch vor, da oben stünde ein Stern, der Notsignale aussendet. Würdet ihr all euer Geld dafür einsetzen, um herauszufinden, was es damit auf sich hat?

Nein, sagte Chris. Das wäre mir zu riskant. Im Weltall treibt sich garantiert jede Menge Gesocks herum. Nachher fallen wir auf irgendwelche kosmischen Terroristen herein. Ich denke wir sollten alle unser Geld zusammenschmeißen und es Brasilien schenken. Dort gibt es die schönsten Menschen. Denen soll es gut gehen. Du Rassist!, rief Larissa. Du bist so ein ekelhafter Rassist! Die Stunde ist vorbei, sagte Fr. Lende-Spelt, und ich muss sagen: Gott sei Dank. Ich hoffe, ihr kommt nie in die Verlegenheit, eine riesige Geldsumme auszugeben, ihr seid nicht reif genug. Wir schüttelten nur die Köpfe. Sie hatte einfach kein Feeling für uns.

Kleines Chaos ohne Sinn

Bist du da, wo ich jetzt bin?
Bist du in meinem Kopf?
Bist du in meinem Herzen?
Bist du in meiner Traurigkeit?
Bist du in meinen Scherzen?
Entstehst du, weil ich müde bin?
Gibt es dich, weil ich lebe?
Oder weil ich einem Funkloch
Die Schuld an Allem gebe
Kleines Chaos ohne Sinn
Bleibst du über Nacht?
Oder suchst du sofort Einen
Der dich größer macht

So könnte es gewesen sein

Ein Jeanskaktus war am Waldrand entsorgt und von einer bösen Hexe gefunden worden. So einen dunkelblauen Kaktus wollte ich immer schon mal haben!, rief sie in den Wald hinein und die Bäume sagten nichts. Ich werde dich gut wässern, sagte sie entzückt. Ich brauche kein Wasser!, rief der Jeanskaktus. Du siehst doch, ich bin aus Jeansstoff! Schon hatte die Hexe ihren Patchwork-Rock gehoben und den Kaktus vollgestrullt. Er schüttelte sich vor Ekel. Wie toll, rief die Hexe, er kann sich sogar bewegen! Sie nahm ihn mit und stellte ihn auf die Veranda ihres Häuschens. Jeden morgen kam sie sofort nach dem Aufstehen zu ihm, um ihn vollzupinkeln und den Morgen zu begrüßen. Siehst du, wie er für dich tanzt?, rief sie dem frischen Morgen zu. Und der rief: Danke, du alte Schlampe, du bringst mich fast zum Weinen!

Nach ein paar Tagen kam ein altes Kaninchen zum Kaktus. Du stinkst zum Himmel, sagte es, aber du gefällst mir. Pass auf, flüsterte der Kaktus. Wer weiß, was die Hexe mit dir anstellt, wenn sie dich erwischt. Ich bin ihr Lover, sagte das Kaninchen. Mach dir keine Sorgen. Sie ist Fliegenpilze sammeln.

Bist du zufrieden? Ich, zufrieden? Wie könnte ich zufrieden sein, rief der Kaktus. Ich werde täglich vollgepisst, ich stinke, ich habe keine Perspektive, was fragst du mich? Hätte ja sein können, sagte das Kaninchen. Es gibt so vieles auf der Welt. Manche werden sogar beschissen und sind zufrieden. Hör auf!, rief der Kaktus. Erzähl mir nichts. Kannst du mir helfen? Nein, sagte das Kaninchen. Die Hexe ist zu mächtig. Ich kann nichts für dich tun, aber du gefällst mir. Verpiss dich!, rief der Kaktus und brach in Tränen aus. Oh, rief das Kaninchen, ein weinender Kaktus! Das hat die Welt noch nicht gesehen! Das müssen Pipi-Tränen sein. Er kostete eine. Tatsächlich. Das hast du früher nicht gekonnt, stimmts? Der Kaktus nickte. Ich konnte noch nie weinen. Siehst du, rief das Kaninchen, das hast du der Hexe zu verdanken, dass du weinen kannst.

Da weinte der Kaktus noch mehr. Und als die Hexe wiederkam, hatte er schon die ganze Veranda vollgeweint und jeder denkt jetzt: Nun muss doch endlich mal was Positives passieren. Aber die Hexe fand alles toll und sie knabberte an einem Fliegenpilz. Ihr Lover knabberte auch an einem. Und dann trieben sie es auf dem Dach, wegen Google Maps. Und der Jeanskaktus hörte auf zu weinen und fragte die Sterne in der Nacht: Warum bin ich bloß als Jeanskaktus auf die Welt gekommen. Und die Sterne überlegten kurz und sagten dann alle zusammen, irgendwie feierlich: Weil Menschen kreativ sind und dann denken: Irgendjemand wird die Scheiße schon kaufen.

Von Fleisch zu Fleisch

Ein Schweinefilet wollte zum Ballett. Vergiss es, sagte ein Kalbsschnitzel mit seiner supersanften Stimme. Wir verschwinden alle, bevor wir etwas lernen können. Du wirst nie an einer Stange stehen. Ich will zur Polizei, rief ein Kotelett. Keine Chance, sagte ein Stück Suppenfleisch, die nehmen keine Koteletts. Die nehmen nicht mal Steaks. Wir haben ein eintöniges Schicksal. Gefressen werden, das ist alles. Ihr seid Fleisch, sagte die Verkäuferin, die dem Frischfleisch manchmal zuhörte, und Fleisch ist nun mal zum Essen da. Alles andere wäre unnatürlich. Und was ist mit deinem Fleisch?, fragte der Tafelspitz. Ach, sagte die Verkäuferin, Menschenfleisch ist doch ganz was anderes. Niemand isst Menschenfleisch, bis auf Kannibalen, oder Gestörte, oder Verhungernde vielleicht.

Und was machst du mit deinem Fleisch?, fragte das Rinderhack. So eine blöde Frage, dachte die Verkäuferin und wollte gar nicht antworten. Aber dann musste sie an ihren Freund denken, der sie gerade verlassen hatte. Sie weinte. Was hast du?, fragten die Koteletts. Mein Freund hat mich verlassen, flüsterte sie. Fand er dein Fleisch nicht gut?, fragten die Schweineschnitzel. Doch, doch, rief die Verkäuferin, aber das Fleisch einer Anderen findet er noch besser. Wird er es essen?, fragte das Suppenfleisch. Nein, rief die Verkäuferin, er ist nicht gestört. Er ist total toll. Er ist Polizist, er ist sogar im Karneval beim Polizeiballett, so toll ist der! Das Fleisch wurde blass vor Neid.

Eine Kundin trat an die Theke und erschrak: Was ist

denn mit dem Fleisch passiert? Nichts, sagte die Verkäuferin, es ist heute nicht so gut durchblutet, das ist alles. Ganz normal!

Ach was! Sie Lügnerin!, schimpfte die Kundin. Sie haben es schlecht behandelt, geben Sie es zu. Sie sind von diesem Vegetarier- und Veganerwahnsinn infiziert. Bestimmt haben Sie es lieblos in die Schalen geklatscht. Nein, meine Dame, sagte die Verkäuferin. Ich behandele das Fleisch fast immer wie mein eigenes. Auch wenn Sie es schneiden?, fragte die Kundin boshaft. Wollen Sie etwas kaufen oder mich fertig machen?, fragte die Verkäuferin. Die Kundin sah das Fleisch an. Es hatte wieder eine gesunde Farbe. Sie kaufte zwei Koteletts. Vor dem Braten bat eins davon die Frau: Würden Sie mich bitte nur einmal ganz kurz auf ihr nacktes Knie legen, ich steh so auf Gelenke! Verrücktes Ding, sagte die Frau und legte es so zärtlich in die Pfanne wie jedes andere Kotelett in ihrem langen Leben auch.

Zwei Männer und eine Frau

Der Heino Ferch ist ein toller Polospieler, sagt Viola, wusstest du das? Nee, sagt ihr Mann Edgar, das kann ich gar nicht glauben, dass der Heino in dem Alter noch Polo spielt. Das glaub ich nicht.

Heino Ferch! Der Schauspieler!, ruft seine Frau vom Sessel aus. Nicht Heino, der Sänger. Das wär ja auch ein Ding. Heino mit Poloschläger. Sie lacht. Wenn du hin und wieder mit mir fernsehen würdest, wüsstest du, wer Heino Ferch ist, sagt Viola. Ein Heino reicht mir, sagt Edgar und stellt die Kartoffeln zu. Ach du, schimpft Viola, du bist so borniert. Die Welt besteht aus mehr als Büchern. Der Heino Ferch ist ein sehr guter Schauspieler. Er ist auch sehr sportlich, und glücklich verheiratet ist er auch. Er ist ein toller Mann. Freut mich, ruft Edgar. Ich freue mich immer, wenn ich von guten Menschen höre, denen das Leben gelingt. Sei nicht so zynisch, sagt Viola. Was?!, ruft Edgar. Ich sagte, dass ich mich freue! Was soll denn daran zynisch sein? Dein Tonfall, sagt Viola. Das machst du oft. Wenn es um erfolgreiche, tolle Männer geht, keimt in dir dieser Neid auf. Kannst du nicht einfach mal die Leistungen anderer anerkennen und dich wirklich freuen, dass es auf dieser Welt nicht nur Elend und Idioten gibt? Tu ich doch, ruft Edgar und nimmt die Koteletts aus dem Kühlschrank.

Tust du nicht, ruft Viola. Also, bitte, sagt Edgar, willst du besser wissen als ich, was ich fühle? Ich freue mich wirklich über Heino Ferch. Aber ich mag es nicht, wie sie den Polopferden die Schwänze zusammenbinden. Das sieht beknackt aus, finde ich. Siehst du, ruft Viola, genau das meine ich. Immer musst du gute Sachen schlechtmachen. Das wird schon seinen Sinn haben, dass sie den Polopferden die Schwänze schön zusammenbinden. Ich finde das sieht proper aus und passt sehr gut zu diesem anspruchsvollen, feinen Sport.

Sport für Reiche, sagt Edgar und holt die Pfanne. Viola schüttelt den Kopf und sieht in ihr Sudoku-Heft. Also Edgar, ruft sie dann. Kannst du mal bitte diese verdammte Antihaltung aufgeben? Immer hast du was zu meckern. Soll Heino Ferch denn Fußball spielen? Er kann halt reiten, ich glaube, seine Frau ist auch eine gute Reiterin.

Pferdequäler, denkt Edgar. Er sagt aber: Dann reiten die Kinder sicher auch, oder? Das weiß ich nicht, antwortet seine Frau. Ich weiß nicht, ob die beiden Kinder haben. Also ich hätte das nicht geschafft, sagt Edgar, mich neben meinem Beruf auch noch um die Kinder und um die Pferde zu kümmern. Du bist ja auch ein ganz anderer Typ, sagt Viola. Du liest halt viel. Edgar stellt den Brokkoli zu.

Heino Ferch muss bestimmt auch viele Drehbücher lesen, oder?, fragt Edgar. Bestimmt, sagt Viola. Alle erfolgreichen Schauspieler müssen Drehbücher lesen. Ich dachte früher immer, wenn die Kinder einmal aus dem Haus wären, würdest du weniger lesen, ich dachte das Lesen sei auch so eine Art Rückzug in die ganz eigene Welt für dich gewesen. Aber seitdem wir wieder alleine sind, liest du noch viel mehr. Vor allem diese Lyrik, die geht mir so am Arsch vorbei.

Ich weiß, dass dir Lyrik am Arsch vorbeigeht, sagt Edgar. Das musst du mir nicht immer sagen, aber weißt du eigentlich, dass Heino Ferch auch ganz tolle Gedichte schreibt? Viola sieht von ihrem Sudoku auf und lächelt.

Ach ja? Zuerst verwechselst du ihn mit Heino und jetzt kennst du sogar seine Gedichte?

Es gibt so viele Lyriker, sagt Edgar, da hat man nicht immer gleich jeden parat. Nach dem Essen können wir uns ja mal ein paar Gedichte von ihm gemeinsam ansehen. Vielleicht gefallen sie dir und du findest doch noch einen Zugang zur Lyrik. Nein, danke, sagt Viola, ich muss nicht alles wissen. Sag mir einfach eine Zeile, das reicht mir schon.

Edgar überlegt. »Was ist der Rhein für mich? Eine große Masse, die sich unerschütterlich weiterbewegt.« Das ist aus dem Gedicht »Bewegung und Gelassenheit«. Viola stutzt. Das soll von Heino Ferch sein? Hört sich gar nicht an wie Lyrik. Und dass er gerade über meinen Lieblingsfluss ein Gedicht schreibt! Also Zufälle gibt's.

Komm bitte an den Tisch, sagt Edgar. Das Essen ist fertig.

Beim letzten Bier

Wenn ich groß bin werde ich mich mit Anthropologie beschäftigen, sagte Mark Waschke. Aber du bist schon groß, rief seine Freundin Janina, du bist ausgewachsen. Mit 45 ist jeder ausgewachsen. Ich meinte die seelische Größe, sagte Mark. Ich fühle mich so oft mickrig und minderwertig, das muss sich ändern. Janina nickte. Du bist ein ehrgeiziges, neidisches Kerlchen, sagte Janina. Das ist wohl wahr. Ich wundere mich auch manchmal, dass ich dich liebe. Genau, sagte Mark. Du musst mir helfen ein besserer Mensch zu werden. Und danach werde ich mich mit Anthropologie beschäftigen, das wird toll.

Was interessiert dich denn so sehr an Anthropologie?, fragt Janina. Alles, sagt Mark. Er sieht ihr in die Augen. Und speziell?, fragt Janina. Was interessiert dich ganz besonders? Ist es etwas Sexuelles? Nein, sagt Mark. Ich will die Liebe ergründen. Also doch was Sexuelles, sagt Janina, ich wusste es! Gar nichts weißt du, ruft Mark. Immer hältst du mich für primitiv. Liebe ist viel mehr als Sex, das weißt du auch. Aber lass uns jetzt nicht länger darüber reden. Ich muss mich zuerst weiterentwickeln. Dann kann ich etwas Richtiges herausfinden. Solange ich ein neidischer Ehrgeizling bin, geht das nicht. So bist du eben, sagt Janina. Wie kann man sowas ändern? Dazu müsstest du dein ganzes Wesen umkrempeln. Das ist viel zu aufwendig und auch gefährlich, glaube ich. Es geht hier auch um Festigkeit. So ein Charakter ist eine gewachsene Sache. Wenn sich das eine ändert, hat das Auswirkungen auf andere Teile. Nachher wirst du noch labil und wahnsinnig. Meinst du bipolar?, fragt Mark. Kann sein, sagt Janina. Also mir wäre lieber, du bleibst so, wie du bist. So viele sind neidisch. Und dein Ehrgeiz hat dich beruflich nach vorne gebracht. Lass uns einfach glücklich sein und das Leben genießen. Vielleicht schlägt morgen schon ein rasend schneller Meteorit ein, den keiner kommen sah, und wir haben unsere Zeit mit dieser öden Selbstoptimierung vertan. Sie sehen alle Meteoriten kommen, sagt Mark, mach dir keine Sorgen.

Du machst dir Sorgen, sagt Janina. Und wenn du so weitermachst, muss ich dich verlassen. Ich habe keine Lust auf diese Seelenscheiße, verstehst du? Sie sieht ihm in die Augen. Toll, sagt Mark und drückt sich an sie. Es erregt dich, wenn ich Klartext rede, stimmts? Das provozierst du, oder? Kann sein, sagt Mark. Ich bin nicht kompliziert.

März

Vom Dach fällt Eis
Die Sonne taut es
So wird aus stillem
Wasser lautes

Schnelle Wolken

Der Wanderprediger Potato-Eye Killsome hatte sich von seiner Frau zum Geburtstag ein Glas kaltes Wasser gewünscht und als er am Morgen in die Küche kam, stand es schon auf dem Tisch.

Herzlichen Glückwunsch, Potato!, rief seine Frau Peanut Annie und strahlte ihn an. Sie küssten und herzten sich und nach dem Frühstück fuhr Potato-Eye auf seiner alten Kreidler los. Er erreichte eine Viertelstunde später Heartbrake City. Er stellte sich unter die Walmart-Eiche und rief: Kehrt um ihr Idioten! Hört endlich auf mit der verdammten Scheiße! Werdet lustig und zufrieden. Das Leben kann so schön sein, wenn man nicht immer nur ans Fressen und Ficken denkt.

Eine alte Frau kam auf ihn zu und schrie: Ich denke nur an Fressen und Ficken und mir geht's gut! Was meinst du denn mit Umkehr? Na, dass ihr in die falsche Richtung rennt!, schrie Potato. Immer nur ackern und rackern, wo bleibt denn die Kultur? Meinst du Bowling?, fragte die Alte. Bowling und Poesie, sagte Potato. Kennst du ein Gedicht? Die Frau überlegte. Leg alles still in Gottes ewige Hände: Das Glück, das Leid, den Anfang und das Ende. Meinst du sowas? Potato nickte. Ich dachte eigentlich an richtige Gedichte. Aber immerhin. Wovon lebst du?, fragte die Frau. Hier gibt dir niemand was.

Meine Frau schnitzt abgefahrene Figürchen, sagte Potato. Ganz winzige, aus Erdnüssen. Was heißt abgefahren?, fragte die Alte. Perverses Zeug? Nein, schrie Potato. Verdorbenes Pack! Es sind total süße Figürchen, die viele anrühren und zu besseren Menschen machen. Die vertreibt sie über ihren Online-Shop. Die Alte lachte. Anrührende Figürchen! Aus Erdnüssen! Die Welt ist völlig verrückt geworden.

Sie schlurfte weiter. Potato sah zum Himmel hoch. Die Wolken flogen schnell vorbei. Er setzte sich auf sein Moped und fuhr zum Lake Louise. Er wollte den Fischen predigen. Aber bevor er dort ankam, überfielen ihn so heftige Glaubenszweifel, dass er sich auf eine alte Tonne am Straßenrand setzte und weinte. Er weinte über eine Stunde, aber es half nichts. Er winkte einem Fetzengeier und der seltene Vogel unterbrach seinen Flug und landete neben ihm auf der Tonne.

Darf ich deine Tränen ablecken? Von mir aus, sagte Potato. Aber verletz mich nicht mit deinem spitzen Schnabel. Ich pass schon auf, sagte der Vogel. Und Potato weinte weiter und der Geier leckte seine Tränen ab, bis er nicht mehr konnte. So viele Tränen habe ich noch nie abgeleckt, sagte das Tier. Es klang ein wenig stolz. Und ich habe noch nie so lange geweint, sagte Potato. Warum?, fragte der Geier. Hast du Existenzängste? Glaubenszweifel, sagte Potato. Ich weiß nicht mehr, was gut ist und ob es ein richtiges Leben gibt.

Gibt es, sagte der Geier. Meins ist richtig. Warum wirst du nicht Geier? Potato stöhnte. Ihr Tiere stellt euch immer alles so einfach vor. Ihr könnt sterben und dann etwas anderes werden. Bei Menschen ist das komplizierter. Wir haben Seelen. Und wenn die nicht zur Ruhe kommen, schweifen sie umher wie Haschrebellen und machen die ganze Welt verrückt. Ach so, sagte der Geier. Sind Seelen so?

Ja, ja, sagte Potato. Er weinte immer noch. Und warum können die Seelen nicht zur Ruhe kommen?, fragte der Geier. Das weiß ich eben nicht!, schrie Potato. Ich weiß es nicht. Und das macht mich verrückt. Reiß dich zusammen!, rief der Geier. Wenn Seelen so gefährlich und so schädlich sind, muss man sie eben ignorieren. Tu so, als wär sie gar nicht da.

Und wie?, schrie Potato. Wie kann ich meine Seele ignorieren? Mit Liebe, sagte der Fetzengeier. Hast du keine Liebe in dir? Doch, rief Potato. Ich habe so viel Liebe, ich weiß oft nicht wohin damit. Na, siehst du, sagte der Geier. Konzentriere dich auf deine Liebe und lass dich von der Scheißseele nicht ablenken. Sag nicht Scheißseele!, rief Potato. Eine Seele kann so schön sein. Ok, sagte der Geier, wie du willst. Aber versprich mir, in nächster Zukunft einmal darüber nachzudenken, ob die Seele nicht ein viel zu positives Image hat. Küss mir den Hals und versprich es.

Potato küsste ihm den Hals und versprach es. Du bist anfällig für Befehle, sagte der Geier. Mach dir auch darüber Gedanken. Ja, gut, sagte Potato, mach ich. Er hatte aufgehört zu weinen und schwang sich auf sein geliebtes Moped. Der Geier warf ihm noch einen strengen Blick zu und schwang sich in die Lüfte. So viel Schwung!, dachte Potato. Wir haben so viel Schwung! Und nach der Heimkehr bewunderte er wie immer als Erstes das Figürchen seiner Frau. Sie schnitzte jeden Tag ein neues.

Die Ausnahme

Vor vielen, vielen Jahren, als das Leben noch unbeschwert und lustig war, hatte der Osterhase nur schwarze Eier gebracht, einfach so. Er hatte sich nichts dabei gedacht, aber die Menschen waren natürlich stinksauer.

Hast du Depressionen?, brüllten sie ihn an. Nein, rief der Osterhase. Ich hab mir nichts dabei gedacht. Das glauben wir dir nicht, riefen die Leute. Sowas tut niemand ohne Grund. Vielleicht, meinte der Hase, wollte ich einfach mal was anderes machen, die Routine brechen, kreativ sein, originell, ja, so wird's sein.

Da wurden einige Leute richtig wütend. Sie brüllten: Dieser Kreativitätswahnsinn muss mal aufhören, diese widerliche Originalitätssucht macht das Leben öde. Ein Osterhase hat bunte Eier zu bringen, so drückt sich Lebensfreude aus, die Lust am Dasein, der Frühling, die Auferstehung.

Auferstehung?, fragte der Hase. Was ist das denn? Die Leute sahen sich an. Du weißt nicht, dass Jesus auferstanden ist?, fragte ihn jemand ungläubig. Jesus?, fragte der Hase. Wer ist das denn, nie gehört. Jetzt reichts!, rief einer. So dumm kann keiner sein, er will uns provozieren. Er will, dass wir ihn töten. Wahrscheinlich ist er lebensmüde, deshalb die schwarzen Eier. Er will sich umbringen, hat aber nicht den Mut dazu. Die anderen nickten.

Hört sich verdammt plausibel an, sagte die Schneiderin Elsi und packte den Hasen an den Ohren. Sie konnte Karate und der Hase war sofort tot. Elsi!, schrien alle. Was hast du getan?! Er wollte es so, sagte die adrette Jungfrau. Und ich werde mir aus seinem Fell einen schicken

Herbst-Winter-BH nähen. Nein, sagte Pfarrer Schröder. Du hast den Osterhasen getötet und uns alle schockiert. Und jetzt willst du auch noch schamlos Nutzen aus der bösen Tat ziehen.

Er wollte ihr den Hasen entreißen, aber Elsi hielt ihn fest. Einige Leute versuchten, dem Pfarrer zu helfen, und rissen mit ihm an dem Hasen. Doch Elsi war sehr stark. Und der Hase riss an der schmalsten Stelle. Elsi fiel mit dem Vorder-, die anderen mit dem Hinterteil des Osterhasen auf ihre Hosenboden. Nun erst wurde ihnen ihr würdeloses Verhalten bewusst. Sie schämten sich, Elsi am meisten. Sie wurde so rot wie der Ahorn im Herbst. Lasst ihn uns in den Fluss werfen, schlug jemand vor. Sollen die Welse ihre Freude an ihm haben. Sie gingen an den Fluss und kaum hatten die toten Teile das Wasser berührt, wurden sie von großen Mäulern verschlungen.

So traurig war Ostern noch nie, sagte der alte Zorro. Ich werde im nächsten Jahr verreisen. Er starb aber schon beim Silvestersingen, als er sich bei »Highway To Hell« völlig verausgabte und zusammenbrach. Ostern kam ein neuer Hase. Und er brachte wie gewohnt die bunten Eier. Alles war wieder gut.

Ein Tag

Kurt, sagt Luise zu ihrem alten Freund, ich habe gestern in der Zeitung gelesen, dass wir höchstwahrscheinlich jede Menge Doppelgänger im Weltall haben. Wahnsinn oder?

Mir egal, meint Kurt, solange sie mich nicht besuchen. Was heißt denn das, meint Luise, kannst du dich selbst nicht leiden? Nicht wenn es so viele von mir gäbe, sagt Kurt. Ich finde einer reicht. Luise füttert ihre Kanarienvögel mit Kolbenhirse. Warum hängst du den Kolben nicht einfach rein?, fragt Kurt. Ich mag den persönlichen Kontakt, sagt Luise und sieht Kurt lächelnd an.

Also Kurt, ich muss schon sagen, du klingst unzufrieden. Hast du eine Freundin? Ja, sagt Kurt, alles gut. Mach dir um mich bitte keine Sorgen. Der HSV hat schon wieder verloren. Sie werden absteigen, wenn nicht ein Wunder geschieht. Haben sie denn den Trainer schon gefeuert?, fragt Luise. Eben nicht, sagt Kurt. Es liegt nicht nur am Trainer. Aber bevor sie ihn nicht feuern, wird es nicht besser, sagt Luise. Das weiß doch jeder. Du hast keine Ahnung von Fußball, sagt Kurt. Fußball ist genauso kompliziert wie das ganze Leben. Und ich finde es ist gut, dass sie am Trainer festhalten. Es sind ja immer noch die Spieler, die ein Spiel entscheiden. Nein, sagt Luise, das ist Unsinn. Bei einem Spiel entscheidet immer das Schicksal. Luise, sagt Kurt. Ich möchte wirklich nicht mit jemandem, der von Fußball nichts versteht, über so eine Herzensangelegenheit schwadronieren.

Herzensangelegenheit..., sagt Luise leise und legt den Hirsekolben neben den Käfig. Da laufen sensible, verängstigte Millionäre über den Rasen und enttäuschen Woche für Woche ihre Anhänger und denen tut das Herz so weh. Wo lebt ihr denn alle?

Was du da tust, ist unfair, sagt Kurt. Du legst die Hirse neben den Käfig, sie können sie sehen, aber nicht erreichen. Sie gieren danach und haben keine Chance. Das ist Tierquälerei. Tu sie bitte woanders hin. Luise legt die Hirse hinter den Kaktus. Sie haben es gesehen, sagt Kurt. Sie wissen, dass der Kolben hinter dem Kaktus liegt. Willst du sie verrückt machen?

Luise legt die Hirse in eine Schublade. Haben sie das auch gesehen?, fragt sie genervt. Ich weiß nicht, wie gut Kanarienvögel sehen können, sagt Kurt. Haben sie auch Doppelgänger im Weltall? Hör auf, bittet Luise. Mir wird ganz schwindlig bei der Vorstellung, wie verrückt die Welt ist. Es scheint ja alles möglich zu sein, im Guten wie im Schlechten. Was habe ich von der Möglichkeit?, fragt Kurt. Im Fußball war schon immer alles möglich. Ach, alles nicht, ruft Luise etwas ärgerlich. China und Indien können Bayern München nicht besiegen. In keinem Universum. Ich muss jetzt los, sagt Kurt. Ich möchte heute noch was schaffen. Die Zeit fliegt mir nur so um die Ohren. Sie fliegt uns allen um die Ohren, sagt Luise. Heute ist Herberts zweiter Todestag. Ach so, sagt Kurt. Das hatte ich vergessen, tut mir Leid. Zwei Jahre schon.

Sie schweigen. Sie sehen sich in die Augen. Wie lange wirst du noch trauern?, fragt Kurt. So lange wie ich traurig bin, sagt Luise. Also, bis morgen.

Heilige Nacht

Die Nacht lobte einen Weihnachtsbaum für seine Dekoration. Danke, sagte die Tanne, aber ich habe mich nicht selbst geschmückt. Schon klar, meinte die Nacht, ich kann auch nichts für meine Sterne. Erst sägen sie mich ab, meinte die Tanne, und dann behängen sie mich mit Fake-Früchten und elektrischen Kerzen, sowas von unnatürlich. Reg dich nicht auf, flüsterte die Nacht. Wir dienen alle einem guten Zweck. Wir helfen den Menschen, glücklich zu sein.

Und was ist mit uns?, fragte die Tanne. Ich habe Durst, ich werde vertrocknen. Wir alle müssen sterben, sagte die Nacht. Ich sterbe jeden Tag. Ach du, rief die Tanne. Du hast gut reden. Du wanderst immer weiter, das ist doch ganz was anderes. Aber wenn ich wiedergeboren werde, dann als Virus, der die Menschen auslöscht. O Gott, rief die Nacht, wenn die Menschen wüssten, was du für Gedanken hast, während sie in deiner Nähe glücklich sind und beten. Ja, wüssten sie es nur, rief die Tanne. Dann würden sie uns vielleicht in Ruhe in den Himmel wachsen lassen.

Aber sie züchten euch, rief die Nacht. Sie pflanzen euch, damit ihr Weihnachtsbäume werdet. Ohne die Menschen würde es dich überhaupt nicht geben. Arschloch, sagte der Weihnachtsbaum, du bist auf der Seite der Menschen. Die Sonne soll sofort aufgehen. Die Sonne geht nicht auf, wenn du es willst, sagte die Nacht. Und deine Wut macht dich nur unglücklich, hör auf damit. Ohne Wut kein Duft, rief die Tanne. Du hast ja keine Ahnung.

Sie redet aus Verzweiflung Unsinn, sagte die Nacht und schwieg. Jemand zog den Stecker und es wurde dunkel im Haus und eine irre Stille breitete sich aus.

Monday Poetry

All the people in the streets
They worry about Germany
They have no other problems
Like for example me

They say that they love Germany
And I shout from above
Do you think that any country needs
This fucking kind of love?

Go home you scum of mankind
And I wave you goodbye
Go home you nazi cunts
And close your doors and die

Die Gurken

Zwei knackige Salatgurken hatten sich am Wegesrand in den Maisschatten gelegt und malten sich ihre Zukunft aus. Die eine, sie hieß Luigi, wollte für Ferrari Formel 1 Rennen fahren. Ich verstehe, sagte die andere Gurke, die Rocky hieß, dass es dich mit deinem Namen zu Ferrari zieht, aber glaubst du wirklich, dass die eine Gurke ins Cockpit lassen? Das ist doch gar nicht für Gurken gebaut. Dann bauen sie es eben um, sagte Luigi. Ich finde, wir Gurken sind Rennautos viel ähnlicher als diese Menschen. Und daraus kann man sicher einen Vorteil ziehen!

Ich kenne mich mit Autos nicht so aus, meinte Rocky, überhaupt ist das Moderne nicht mein Ding. Ich wäre gerne eine Schaufel. Du willst wirklich eine Schaufel werden?, fragte Luigi. Was ist denn das für eine unrealistische Scheiße. Sind Träume nicht immer unrealistisch?, fragt Rocky. Da kommt ein alter Trecker angetuckert. Die Gurken stehen auf. Ein alter Deutz, sagt Luigi, und der Bauer sieht noch älter aus. Na, ihr Gurken, ruft der Bauer, was geht ab? Die Gurken staunen. Wie spricht der denn?, wundert sich Luigi. Und Rocky ruft: Tach, Bauer! Das sieht ja echt gemütlich aus!

Ja, lacht der Bauer, ich fahr hier nur zum Spaß durch die Gegend, ein bisschen die Luft verpesten. Alle lachen. Habt ihr im Maisfeld Schweinereien gemacht?, fragt der Bauer. Nee, sagt Rocky. Wir liegen hier nur rum und denken an die Zukunft. Zwei langweilige Gurken, denkt der Bauer, die nehm ich mit fürs Abendbrot. Steigt auf!, ruft er. Von hier oben ist die Aussicht atemberaubend.

Nein, danke, rufen die Gurken, wir kennen deine Gedanken, ihr Menschen denkt immer nur ans Fressen. Fahr weiter, du uralter Sack! Das macht den Bauern böse. Er steigt vom Trecker und will die Gurken packen, aber er hat keine Chance. Die Gurken vermöbeln ihn mies und jagen ihn ins Maisfeld. Sie springen auf den Trecker und Luigi ruft: So fangen Roadmovies an! Am Abend ist der Tank leer. Sie lassen den Deutz auf einer Landstraße stehen und legen sich in der Nähe unter einen Wacholderbusch.

Ich würde so gerne einmal Wacholderschnaps trinken, sagt Rocky, das muss geil sein. Los, wir gehen in eine Kneipe! Zwei Gin, sagt Luigi zum Wirt, zwei Doppelte! Der Wirt stellt die Getränke hin. Weg sind sie. Noch zwei Doppelte bitte. Oh, denkt der Wirt, das sind aber höfliche Gurken. Habt ihr Geld? Ja, ja, sagt Rocky. Der Wirt gießt nach. Und nochmal. Nach fünf Doppelten sind die Gurken so stramm wie noch nie und fallen um. Der Wirt liest sie auf und wäscht sie ganz kalt ab. Dann schneidet er sie in fette Scheiben und legt sie auf ein rustikales Tablett.

Gin-Gurken, Jungs!, ruft er. Die Stammgäste kommen an den Tresen und pfeifen sich die Scheiben rein. Das ist jetzt schon das vierte Mal in diesem Jahr, das Gurken hier reinkommen und sich besaufen, sagt ein Stammgast. Ja, sagt ein Anderer. Das ist ein Naturphänomen. Sie sind aber besser als die Bier-Gurken. Und auch besser als die Jägermeister- und die Whiskey-Gurken. Ja, sagt der Wirt. Wacholder ist für Gurken das Beste.

Bei Gott

Die ersten Menschen beschwerten sich bei Gott: Wir wollen kein sinnentleertes Dasein führen, lass uns zurück ins Paradies! Wir wollen Billard spielen! Ihr könnt auch so Billard spielen, sagte Gott, und euer Dasein ist nicht sinnentleert. Ihr ackert für euer tägliches Brot, wenn das nicht sinnvoll ist. Und wenn es nicht regnet?, fragen die Menschen. Sollen wir Erde essen? Obst ist auch gesund, sagt Gott. Schlachtet euer Vieh, ich habe für alles gesorgt. Für nichts hast du gesorgt, rufen die Menschen. Jeden Knopf müssen wir selber schnitzen. Und diese Scheißkrankheiten! Und immer müssen wir uns über irgendetwas freuen, um nicht verrückt zu werden! Du bist so grausam.

Geht bitte, sagt Gott. Ich habe euch so viel Gutes gegeben und ihr jammert mir die Ohren voll. Undankbares Pack! Habt ihr das gehört?, rufen die ersten Menschen. Und sie hatten es alle gehört. Er nennt seine eigenen Geschöpfe Pack. Er ist so menschenverachtend. Macht es dir Freude uns leiden zu sehen?, fragt Oskar. Hast du uns deshalb so dumm und egoistisch gemacht, damit wir ständig Fehler machen und andere verletzen?

Jetzt will ich euch mal was sagen, ruft Gott erbost. Ich bin diese ewigen Vorwürfe leid. Ich habe euch gar nicht gemacht. Ich habe euch gefunden. Großer Aufschrei, dann Gemurmel.

So, jetzt ist es endlich raus!, ruft Gott. Das tut so gut, ihr kleinen Wichser. Schon wieder ein großer Aufschrei. Erste Wut!

Als ich euch an diesem versifften Tümpel entdeckte,

habt ihr euch gegenseitig totgebissen und aufgefressen. Ich habe euch Hygiene beigebracht und den aufrechten Gang und alles, was ihr Kultur nennt. Seid dankbar und verschwindet! Lügner!, rufen die ersten Menschen. So versuchst du dich also aus der Verantwortung zu stehlen, schäm dich! Sie werfen Steine auf Gott, doch selbst die größten Brocken prallen spurlos an ihm ab, und dann ist er verschwunden, als hätte er sich aufgelöst.

Ich wusste, dass er abhaut!, sagt einer der ersten Menschen, er heißt Ahab. Wieso?, fragt ein Anderer. Hätte ich auch so gemacht, sagt Ahab. Die Stimmung ist sowas von gegen ihn, da hast du keine Chance. Aber er ist Gott, ruft der Andere, ein kleiner, dicker Kerl mit Namen Sancho. Er könnte unser Leben mit einem Fingerschnipsen schön und angenehm machen. Er muss uns hassen.

Inzwischen ist Gott zu Hause. Wo warst du?, fragt seine Frau. Hast du dich wieder auf einer dieser Erden herumgetrieben? Ja, sagt Gott, ich war auf der seltenen Erde, weißt du, da wo sie so unzufrieden sind. Ach, da!, ruft Gottes Frau. Was wolltest du denn da? Ach, nichts, sagt Gott, nur mal Hallo sagen. Aber sie haben mich nur beschimpft und Brocken nach mir geworfen. Undankbares Pack!, sagt die Frau. Du hast so viel für sie getan. Und es was so ein wunderschöner Tag, spricht Gott, aber anstatt sich zu lieben oder gute Waffen zu bauen, haben sie schlechte Laune. Da gehe ich nicht mehr hin, dieses Anspruchsdenken kotzt mich an.

Gottfried!, ruft die Frau. Achte auf deine Worte! Entschuldige bitte, sagt Gott, da hat was auf mich abgefärbt. Die Frau sagt: Ja. Du lässt dich immer noch zu sehr beeindrucken, von was auch immer. So bin ich, sagt Gott und seufzt. Schon gut, sagt seine Frau. Niemand hat sich selbst gemacht.

http://www.edition-tiamat.de